HANS MAUER

MEIN HUND HAT BURNOUT

GESCHICHTEN AUS DER TIERARZTPRAXIS

EULENSPIEGEL VERLAG

Mit Illustrationen von Karl Schrader
und anderen

INHALT

VORWORT

Schlief der Hund Tausende von Jahren vor der Höhle, um den Menschen zu bewachen, so schläft er heute in der »Höhle« und wird vom Menschen bewacht. Ja, das Tier hat die Sofas erobert. Die von Ikea, die von Rolf Benz und auch das von Sigmund Freud. Ob arm, ob steinreich – vor dem Haustier sind wir alle gleich: Futterdosenöffner, Gassigeher und Streicheleinheitenverteiler. Ist es nicht in Wahrheit so, dass uns die Hunde sozialisiert und die Katzen domestiziert haben?

Ich habe mein Leben mit Tieren verbracht. Nach dem Studium an der LMU in München trat ich 1987 meine erste Stelle als Assistent in Waldkirchen (Niederbayern) an. Von dort wechselte ich später in die Tierklinik Düsseldorf. 1990 ließ ich mich in Köln nieder, in einer Gemeinschaftspraxis. Über all die Jahre und Stationen hinweg habe ich Geschichten erlebt, die ich hier bunt gemischt und nicht in zeitlicher Reihenfolge erzähle. Sie sind vielleicht nicht ganz so verrückt wie die meines Kollegen Dolittle, dafür aber tatsächlich so passiert. Genau deswegen wurden die Namen aller Beteiligten geändert.

ANGST MACHT BEINE

Der Beruf des Tierarztes ist gefährlich. Laut Assekuranz gehört der Veterinär in die gleiche Gefahrenstufe wie der Zirkusdompteur, der Rennfahrer, der Feuerwehrmann und der Stuntman. Der Hund beißt dich ins Hinterteil, die Katze zerkratzt dir dein Vorderteil. Der Papagei zwickt dich ins linke Ohr, die Maus nimmt das rechte. Das Frettchen spritzt dir die Analdrüse mitten ins Gesicht, und der Waran schlägt dir die Nase blutig. Was macht die Boa constrictor? Sie hat dich zum Zerdrücken gern.

Es war an einem Freitag, wahrscheinlich sogar der 13. Ein sichtlich aufgeregter Mann betrat das Behandlungszimmer – ohne Patienten.

– Herr Doktor, wo kann ich Sie unter vier Augen sprechen?

Ich führte ihn gespannt in das Halbdunkle des Röntgenraumes.

– Herr Doktor, darf ich mal kurz die Hosen runterlassen?

– Sie wissen aber schon, dass Sie hier beim Tierarzt sind und nicht beim Urologen!

Er druckste herum, ich versuchte mit Humor die Situation zu retten.

– Wir kastrieren hier keine Zweibeiner!

Der Mann ließ sich nicht beirren und entblößte sein Hinterteil.

– Ich komme gerade aus der Notfallambulanz, mein Hund hat mich in den Allerwertesten gebissen. Fast hätte er mich auch kastriert – schauen Sie.

Quer über den Musculus gracilis, einen der Gesäßmuskeln, verlief eine frisch genähte Wunde. Der sah nun, dem lateinischen Namen zum Trotz, gar nicht mehr grazil aus, sondern ziemlich angebissen.

– Dreizehn Stiche, Herr Doktor, Sie können gern nachzählen!

Ich verzichtete.

Plötzlich wurde seine Stimme weicher, und er begann zu weinen.

– Das Ordnungsamt wird bestimmt veranlassen, dass man Zeus einschläfert. Können Sie nicht vorbeikommen, um ihn zu untersuchen? Vielleicht hat er Schmerzen und nur aus diesem Grund zugebissen. Bitte retten Sie ihn, er ist doch mein alter Kumpel!

– Ziehen Sie die Hose wieder hoch, ziehen Sie Zeus einen Maulkorb an, und ziehen Sie ihn in die Praxis.

– Genau das habe ich ja versucht. Ich möchte nicht zum zweiten Mal in die Notaufnahme.

Er zog die Hose hoch, ich die Stirn kraus. Ein Held war ich nie gewesen.

– Nehmen Sie diese Beruhigungstabletten mit, mischen Sie sie unter etwas Leberwurst, und geben Sie das Zeus. Eine Stunde später komme ich dann vorbei.

Ich flehte den Himmel an, er möge mir meinen Kollegen schicken. Der befand sich gerade auf der Rückreise aus dem Urlaub. Und mein Flehen wurde erhört. Gegen neunzehn Uhr meldete er sich, frisch erholt und voller Tatendrang.

Nachdem ich ihm die Situation geschildert hatte, fragte er, ein Mann wie ein Baum, stark wie Herakles und tapfer wie Achill, zaghaft:

– Hast du dem Besitzer auch genügend Beruhigungstabletten mitgegeben, Hänschen?

Hänschen hatte. So zogen wir beide zu Felde. Der Hundebesitzer schien sehr erfreut, als er sah, dass wir zu zweit anrückten.

– Dann brauchen Sie mich ja nicht. Zeus ist im Garten.

Von wegen Garten! »Raubtiergehege« wäre die richtigere Umschreibung gewesen. Alles war umzäunt mit eisernen Gitterstäben, die sich speerartig nach innen bogen, eben wie ein Raubtierkäfig.

– Den Zaun musste ich auf richterlichen Beschluss anfertigen lassen, da die Nachbarn geklagt haben. Was tut man nicht alles für sein Tierchen!

Das »Tierchen« stand mitten im Garten, an den einzigen Baum gekettet. Es handelte sich um einen stattlichen Rottweilerrüden. Seine Silhouette erinnerte mich an Scar, den verschlagenen Bösewicht aus Disneys »Der König der Löwen«. Und gleich kam ich mir wie der kleine Simba vor. Aus Ehrfurcht hätte ich am liebsten den Schwanz eingezogen. Aber ich hatte ja meinen Herakles dabei. Der fragte noch mal:

– Wie viele Tabletten hast du mitgegeben?

– Genügend, da müsste sogar ein Rhinozeros im Tiefschlaf liegen.

– Wieso steht der dann noch auf allen Vieren?

– Wahrscheinlich hat er den Beipackzettel gelesen und jetzt Angst vor den Nebenwirkungen.

Mein Galgenhumor hatte mich noch nicht verlassen, der Mut schon längst. Da meldete der Besitzer sich beruhigend zu Wort.

– Sie brauchen keine Angst zu haben, Zeus hat die ganze Packung bekommen, und das da ist meine stabilste Kette.

Festen Schrittes betrat mein Kollege die Arena. Ich folgte ihm, eher diskret. Kaum diskret blickte Zeus uns entgegen.

– Hänschen, Rottweiler gucken immer so!

Gekonnt wie John Wayne warf er Zeus eine zweite Schlinge um den Hals und zog ihn an den Baum heran.

– Du musst den Hund jetzt nur noch von hinten spritzen.

Beflügelt vom Mut meines Kollegen fasste ich mir erst ein Herz und dann den Hinterlauf des Rottweilers. Behänd setzte ich die Narkosespritze. Behänder riss Zeus sich von der Kette und ging auf mich los. Angst essen Seele auf und machen Beine, bekanntlich. Hinter meiner Seele war Zeus nicht her, mein Leib schien ihn mehr zu interessieren. So wurde ich der erste Amateurathlet der Welt, der die 100 Meter unter zehn Sekunden lief. So zumindest kams mir vor. Ich sprintete Richtung Haus, das heiße Schnauben von Zeus an meinem Hinterteil.

Die Treppen hinauf! Der Hundebesitzer hatte sich mittlerweile auch auf die Terrasse getraut. Blitzschnell erfasste er die Situation und rannte wieder ins Haus zurück. Ich hinterher, keuchend wähnte ich mich bereits in Sicherheit. Aber da schlug der Besitzer die Terrassentür vor meiner Nase zu. Ich klebte an der Scheibe, und Zeus mit der Schnauze an meinem Hosenboden. *Dreizehn Stiche, Herr Doktor, Sie können nachzählen …* ging es mir durch den angeschlagenen Kopf. Sekunden wurden zur Ewigkeit, aber es passierte nichts. Zaghaft schaute ich über meine Schulter.

Zeus lag mit weit geöffnetem Fang auf meinem verlängerten Rücken und schnarchte selig. Das nenne ich mal ein perfektes Timing!

Die Narkosespritze hatte im letzten Moment ihre Wirkung entfaltet. Zusammengefaltet dagegen erschien der geflüchtete Hundebesitzer wieder auf der Bildfläche, um sich zu entschuldigen. Wer wollte ihm sein Verhalten verübeln? Jeder ist sich selbst der Nächste, und dreizehn Stiche sind eine ganze Menge. Keinen einzigen Stich hatte mein Kollege gemacht. Vor Angst zur Salzsäule erstarrt, war er einfach stehen geblieben.

– Hänschen, vor lauter Lachen konnte ich keinen Schritt laufen!

Das war seine Version.

Nichts zu lachen hatte allerdings Zeus, der arme. Später in der Praxis diagnostizierten wir einen Hirntumor. Der war der Grund für sein aggressives Verhalten. Zeus wurde bald von seinen Leiden erlöst. Sein Besitzer ließ ihn einäschern und begrub die Urne unter jenem einzigen Baum im Garten.

An einem Freitag, es muss ein 13. gewesen sein.

AUF DEN HUND GEKOMMEN

Tiere in der Werbung, das ist nichts Neues. Machten sie früher Reklame in eigener Sache, für Tierfutter etwa, müssen sie heute die Banken retten. Reicht die Strahlkraft eines Dirk Nowitzki nicht mehr aus, stellt man ihm einen Terrier zur Seite. Durfte der Hund früher einfach Stöckchen holen, schleppt er heute Dividenden ran.

Aber auch ein Hund kann nicht jedes Unternehmen retten. In der Nähe unserer Praxis gab es vor Jahren ein florierendes Reisebüro. Dann kam das Internet mit der Möglichkeit, vom Sofa aus zu buchen. Das Reisebüro litt unter Kundenschwund.

Eines Tages erschien die Inhaberin in der Praxis und bat um Erlaubnis, Werbepräsente bei uns zu verteilen. Genauer kleine Körbchen, gefüllt mit Süßigkeiten und einem Flyer: »Urlaub mit Kind!«

Ein Jahr später kam sie wieder und verteilte erneut Präsente. Diesmal kleine Körbchen, gefüllt mit Leckerli, und auf dem Flyer stand: »Urlaub mit Hund!«

Einige Jahre später musste das Reisebüro schließen. Ein Beate-Uhse-Laden zog ein. Ich wartete schon auf die Werbepräsente, kleine Körbchen gefüllt mit Dessous und einem Flyer: »Urlaub von der Ehe!«

Wenn der Hund zum Werbezugpferd in der Automobil- und Reisebranche taugt, warum dann nicht auch in der Politik?

Eine freundliche Dame mit ebensolchem Yorkshire Terrier betrat das Behandlungszimmer.

– Herr Doktor, bevor Sie anfangen, den Hund zu untersuchen, müssen Sie mir hoch und heilig versprechen, meinem Mann nicht zu sagen, dass ich mit Goldie hier war. Er hasst Hunde!

Ich nickte etwas irritiert und versicherte ihr, dass auch Tierärzte eine Schweigepflicht haben. Sie kam öfter mit Goldie, und jedes Mal hieß es: Mein Mann darf nichts wissen. Offiziell war sie immer beim Shoppen.

Die Tage gingen ins Land, Goldie wurde medizinisch gut versorgt, trotz unwilligen Herrchens. An einem Samstag erschien sie in der Notfallsprechstunde. Mitsamt Frauchen und, man staune, Herrchen. Ich ließ eine neue Kartei anlegen und begrüßte Frauchen wie eine neue Kundin. Sie schenkte mir einen dankbaren Blick, als ich fragte, was sie denn zu uns führe.

– Goldie hustet!

Das waren ihre letzten Worte, ab da übernahm Herrchen die Konversation. Er, Typ seriöser Landrat, hielt Goldie im Arm und schien völlig aufgelöst.

– Herr Doktor, Sie müssen Goldie unbedingt bis morgen wieder fit bekommen. Wir sind auf dem Weg nach Berlin zu einer wichtigen Wahlveranstaltung. Goldie sitzt neben mir im Wahlmobil, ganz vorne. Sie gibt mir viel Kraft im Wahlkampf.

Er wird es als Politiker weit bringen, dachte ich bei mir. Wer so gut lügen kann, schafft es mindestens bis in den Bundestag.

Ich untersuchte Goldie gründlich und machte eine Röntgenaufnahme vom Brustkorb.

– Goldie hat eine Kehlkopfentzündung und eine Bronchitis. Sie braucht Bettruhe und keinen parteipolitischen Tingelwagen.

– Herr Doktor, egal was es kostet, machen Sie Goldie reisefit! Ich werde ihr morgen auch ein Mäntelchen anziehen.

Seine Stimme klang sehr bestimmt und besorgt.

– Sie können Ihr ein Mäntelchen anziehen, aber ohne parteipolitisches Abzeichen – bitte!

Er überreichte mir seine Visitenkarte, die ihn als hochrangigen Politiker identifizierte. So erstellte ich einen Therapieplan für Goldie und mahnte nochmals an, die Patientin zu schonen.

– Sie sitzt doch bloß neben mir, Herr Doktor. Das Bellen übernehme ich!

Er hatte etwas von einem Rudelführer, Politiker brauchen das im Wahlkampfgekläffe.

Tagelang beschäftigte mich die Frage, ob da neben seinen politischen Regungen auch eine leichte menschliche Goldie gegenüber im Spiel war. Die Antwort fand ich in der Wochenendbeilage meiner Tageszeitung: »Berlusconi adoptiert einen Welpen! Seine politischen Berater empfahlen ihm, sich für den Wahlkampf einen Hund zuzulegen. Zwanzig Millionen Italiener sind Hundebesitzer!«

Der Arzt schweigt natürlich. Zwei Dinge aber darf ich über Herrchen verraten: Er kandidierte nicht für die Tierschutzpartei, und er hieß nicht Berlusconi.

BEATE UHSE IM KUHSTALL ODER DIE WIEDERAUFERSTEHUNG

Beim Bauern Ludwig hot's no a festliagade Kuah!

Wir sind in Niederbayern, ich bin noch Assistent, und das war die Stimme der Chefin meines Chefs über Funk. Kurz vor Feierabend saß ich in Gedanken auf meinem Sofa, Stiefel aus, Fußball an. In meinen dreißig Tierarztjahren gab es »Notfelle« immer jeweils exakt vor den wichtigsten Spielen des FC Bayern oder dem Finale der Weltmeisterschaft. Je größer das Spiel, desto größer der Notfall. Ein ehernes Tierarztgesetz!

Bauer Ludwig war einer der wenigen Großlandwirte in der Gegend. Er führte einen Vollerwerbsmilchbetrieb und wurde über die Jahre ein wichtiger Stammkunde. Als ich zum ersten Mal in meinem Tierarztleben einen Stall mit Milchhochleistungsrindern betrat, wähnte ich mich in einem Beate-Uhse-Laden, obwohl ich einen solchen noch nie von innen gesehen hatte. Da standen pralle Rinder mit prallem Gesäuge. Letztere hingen milchgeschwängert bis auf den Boden. Damit die Kuh sich nicht auf die eigenen Zitzen trat, trugen sie überdimensionale XXXLLL-Netz-BHs. Mit breiten Riemen waren die über den Kuhrücken festgezurrt. Wohl um die optimale Milchleistung zu erzielen, berieselte man die Kühe zudem mit Musik. Wer jedoch glaubt, dass da »Resi, i hol di mit meim Traktor ab« durch den Stall schallte, irrt gewaltig. Anstelle bayrischer Volksmusik erklang eine Symphonie, Beethovens »Neunte«. Die

Milch der von Harmonien berauschten Kühe rauschte in Strömen. Ein solches Hochleistungsrind gibt über 30 Liter Milch pro Tag.

Für einen Bullen wären über hundert BHs tragende Kühe gewiss ein sinnlicher Anblick gewesen. Die hatten aber noch nie einen gesehen in ihrem Leben, waren sie doch durch Fremdbesamung auf die Welt gelangt. Bei minus 270 Grad friert jede Liebe ein. Das nämlich ist die Temperatur der Kanister, worin man das wertvolle Genmaterial mittels flüssigen Stickstoffs konserviert. Je nach Wunsch der Milchbauern wird ein Röhrchen mit dem Sperma eines bestimmten Bullen vom Tierarzt oder einem Besamungstechniker in die Leihkuhmutter eingesetzt. Die Röhrchen müssen kurz vor der Insemination aufgetaut werden. Auf dem Weg zum Kuhstall steckte mein Chef sich das Röhrchen ganz rustikal unter die Zunge. Ich, offenbar zartbesaitet, klemmte es mir wie ein Fieberthermometer unter den Arm.

Bei Fachleuten berühmt war seiner Zeit der Samen eines Bullen mit Namen Oskar. Hier hatten die Genetiker auf viel Fleisch gezüchtet – und ein wenig überzüchtet. Die von ihm stammenden Kälber waren zu prachtvoll, vor allem hintenrum. Sie waren beinahe schon Doppellender, das heißt in der Hinterhand so üppig, dass die beglückten Kühe ihre Kälber fast immer per Kaiserschnitt auf die Welt bringen mussten. Oskar war der Vater tausender Rinderkinder. Er sicherte die Existenz vieler Tierarztpraxen.

Natürlich schlummerten in den Samenkanistern auch Bullengene, die die Milchleistung in die Höhe trieben. Das bescherte Deutschland die bekannten Milchseen und Butterberge. Dann wurde die Kontingentierung

eingeführt. Die Bauern erhielten jetzt Geld für Milch, die sie nicht produzierten. Der Banksektor hat das Prinzip später als Negativzinsmodell übernommen. Leidtragende waren hier wie da die Kleinen, in unserem Fall also die Kühe. Weniger Kühe mussten dieselbe Menge Milch geben. Je mehr Milch eine Kuh produziert, desto mehr Kalzium verliert sie. Ohne eine gewisse Mindestmenge an Kalzium gibt es aber keine Muskelkontraktion mehr. Kühe liegen darnieder, werden mehr und mehr von Lähmung erfasst. Auch die Kaumuskulatur funktioniert nicht. Die Diagnose lautet: »Festliegende Kuh«.

Dann kommt die große Stunde des Tierarztes. Schon an der Uni wurden wir Studenten auf diese kurative Praxis vorbereitet. Unser Professor sagte stets: »Das ist der Moment, in dem der Tierarzt Gott spielen kann! Sie machen eine Kalziuminfusion, warten zwanzig Minuten, ziehen die Kuh am Schwanz und erleben ihre Wiederauferstehung.«

Ich legte also der Kuh einen Zugang in die Halsvene, schloss die Kalziuminfusion an und bat den jungen Melkerlehrling, die Infusionsflasche zu kippen.

– Bitte Flasche auf den Kopf stellen!

Im Halbdunkel des Stalls kontrollierte ich die Lage der Kanüle und die Infusionsgeschwindigkeit. Es floss kein Tropfen!

– Steht die Flasche auf dem Kopf?

– Ja, Herr Doktor.

Die Infusion lief einfach nicht! Also überprüfte ich den Schlauch auf einen Knick, tastete mich bis zur Flasche vor und staunte nicht wenig. Der Lehrling stand breitbeinig da. Mitten auf seinem Kopf stand die Flasche. Er hatte meine äußerst präzise Anweisung äußerst wörtlich genommen.

Wir kippten die Flasche, und schon sprudelte die Infusion. Nach circa zwanzig Minuten streute ich der festliegenden Kuh frisches Heu in die Raufe und zog sie am Schwanz. Ein Zittern und Beben ging durch sie hindurch, sie raffte sich auf und begann sofort zu fressen.

Die Wiederauferstehung war vollbracht. Stolz wie Bulle stand ich da und fühlte mich wie Gott im Kuhstall.

BELLO BELLT NICHT MEHR ODER MEIN HUND PFEIFT

Herr Doktor, mein Bello bellt nicht mehr.

– Das klingt nach Kehlkopfentzündung mit Beteiligung der Stimmbänder. Ich öffne jetzt Bellos Fang, dann muss er nur noch Aaaaah … sagen, und wir haben unsere Diagnose.

Bello sagte weder »Aaaaah« noch »Beeeh«, er guckte stattdessen ganz ängstlich.

– Herr Doktor, wie soll ich es sagen, Bello piepst nur noch!

Ich tastete den Kehlkopf ab, keine Reaktion.

– Es piepst weiter unten!

– Sie meinen Magenknurren?

– Nicht Knurren – Piepsen!

Ich überlegte kurz, entweder piepste es beim Besitzer, oder wir hatten schon wieder Karneval in Kölle.

– Es piepst in seinem Bauch!

Ich legte das Stethoskop auf Bellos Bauch, um eventuelle Darmgeräusche zu hören. Der Hund wurde nervös und begann sofort stark zu hecheln. Durch das Stethoskop drang ein furchtbar lautes Geräusch an mein Ohr. Es schien wie eine Mischung aus Urknall und LKW-Reifenquietschen. In Windeseile riss ich mir dir Hörhilfe vom Kopf, um keinen Hörsturz zu erleiden. Ebenso schnell riss Bello sich von der Leine und sprang wie ein Flummi Richtung Zimmerdecke. Tatsächlich, es piepste und quietschte in seinem Bauch! Mit Froschaugen und ebensolchen Sprüngen hüpfte der Hund durch die Praxis. Wir hüpften wie Sirtakitänzer hinterher, um das arme Tier zu beruhigen.

Erst als es mir gelang, Bellos Fang zuzuhalten, war der Spuk vorbei. Diagnostisch gab es nur zwei Möglichkeiten: Entweder war dieser Hund ein Bauchredner, oder er hatte ein Quietschtier verschluckt. Ich verabreichte ihm eine Beruhigungsspritze, anschließend ging es zum Röntgen. Auf dem Bild war kein Fremdkörper zu sehen. Logisch, denn Gummi ist auf einem Röntgenbild nicht sichtbar. Wir mussten den Patienten operieren.

Noch nie war es mir so leicht gefallen, einen Fremdkörper zu orten. Bei jeder Atembewegung änderten sich die Druckverhältnisse im Körper und brachten das Quietschtier zum Quietschen. Narkosebedingt wurde Bellos Atmung schwächer, zugleich hörte sich auch das Tierchen in seinem Bauch schläfrig an. Als wir den Magen geöffnet hatten, schwamm uns eine quietschgelbe Quietschente quietschmunter entgegen. Als wir den Bauch zunähten, konnten wir uns vor Lachen kaum halten. Ich hoffe, man sieht es dem Nahtverlauf nicht an.

SUSI LENZ ODER
DER DOPPELTE REFLEX

Herr Lenz war ein rüstiger Rentner von etwa siebzig Lenzen. So rüstig noch, dass er seinem letzten Veterinär zwei Ohrfeigen verabreichen konnte.

– Herr Doktor, Sie sind mir als guter und sensibler Tierarzt empfohlen worden!

Bei der Wortwahl zucke ich immer zusammen, weil diese Art Tierbesitzer oftmals mit ihrem Liebling von Tierarzt zu Tierarzt rennt. Wir nennen das Tierarzthopping.

– Der letzte war ein Grobian, er hat meine Susi geschlagen! Mein armes Hündchen!

– Herr Lenz, das wird wohl eher ein Abwehrreflex gewesen sein oder Notwehr.

– Von wegen Notwehr, der hat ihr eine gewischt, bloß weil sie beim Impfen kurz zurückgezwickt hat. Daraufhin habe ich dem Herrn Doktor zwei gewischt. Schelle um Schelle, so steht es geschrieben!

Der Arzt hatte einen einfachen Reflex, Herr Lenz einen doppelten. Ganz wohl war mir nicht zumute, als ich seine schweren Arbeiterhände betrachtete. Warum ich, bitte? Wäre er doch zu meinen Dreizentner-Kollegen gegangen, da läge die Hemmschwelle für den doppelten Reflex gewiss doppelt so hoch.

– Was haben Sie denn für Sorgen mit Susi?

– Keine, will sie nur impfen lassen!

– Vorsorge ist immer gut, Herr Lenz.

– Am besten, Sie sorgen vor, Herr Doktor! Aber tun Sie Susi bloß nicht weh, Sie wissen ja …

Meine letzte Erfahrung der Art war nun schon eine Weile her, damals als Internatszögling hatte ich beim Fußball eine Fensterscheibe des Mädcheninternats zertrümmert. Der Schuss hatte gesessen, die Ohrfeige, die mir ein sogenannter Pädagoge verabreichte, auch. Plötzlich spürte ich ein vorauseilendes Brennen auf meiner linken Wange. Aber wieso, war Herr Lenz eigentlich Rechtshänder? Mein Selbsterhaltungstrieb meldete sich. Ich sinnierte: »Prävention ist besser als Intervention.« – Oder auf Alemannisch: »Vorbeugen ist besser als Heilen.« So schritt ich zur Tat und suchte die kleinste und dünnste Vogelspritze.

– Herr Lenz, Sie müssen Susi mit beiden Händen festhalten, ganz fest, damit sie nicht vom Tisch springt.

Der Angstschweiß stand mir auf der Stirn. Dann packte ich Susis zartes Fell, und mit zarter Nadel setzte ich zärtlich die Spritze. Sie zuckte mit keiner Wimper. Herr Lenz zuckte mit keiner Hand. Nur ich zuckte. Also meine linke Augenbraue. Ganz leicht.

– Sie spritzen ja göttlich, Herr Doktor! Guter Trick, mich Susi mit beiden Händen festhalten zu lassen. Das hätte Ihnen aber auch nicht geholfen, meine Füße waren ja trotzdem noch frei.

DAISY LENZ ODER SIE FRISST NUR MÖHRCHEN, HERR DOKTOR!

Nach bestandener Feuerprobe mit Susi sollte Herr Lenz über viele Jahre einer unserer treuesten Patientenbesitzer werden. Susi erhielt noch viele zarte Spritzen und legte viele zarte Kilos zu, bis sie dann im zarten Alter von sechzehn Jahren das Zeitliche segnete. Da war Herr Lenz allein und ganz einsam. Öfter schaute er in der Praxis vorbei.

– Wenn sich mal was findet, rufen Sie an, Herr Doktor.

Es fand sich!

Eine ältere Dame musste ins Altenheim und suchte dringend ein neues Zuhause für ihren Hund. Das ganze Praxisteam war sich einig: wenn, dann nur der Herr Lenz. Ich rief ihn an.

– Herr Lenz, wir hätten da …

– Nehme ich ungesehen, Herr Doktor.

– Wollen Sie nicht zuerst ein Foto …

– Sind Sie eine unseriöse Partnervermittlung oder eine seriöse Tierarztpraxis? Nehme ich!

Ich bestellte Herrn Lenz und die ältere Dame samt Sheltie zum Ortstermin in die Praxis. Shelties sind in der Regel empfindsam, personenbezogen und vornehm zurückhaltend. Auch bei der Futteraufnahme. So konnte ich hoffen, dass dem Tier nicht dasselbe Knutschkugeldasein wie Susi blühte.

Zum Termin verspätete ich mich etwas. Herr Lenz war bereits auf dem Hof, eifrig den neuen Hund knuddelnd. Und er hatte jede Menge zu knuddeln, denn da steckten mindestens zwei Shelties unter einem Hundefell.

– Ganz meine Susi, ganz meine Susi, Herr Doktor …

Die alte Dame, die das Szenario betrachtete, korrigierte sofort.

– Daisy, sie heißt Daisy, wenn Sie erlauben.

In meinen zwanzig Jahren Tierarztdasein war mir noch nie ein so dicker Sheltie untergekommen. Ich sah es positiv, zumindest konnte Herr Lenz Daisy nicht rundfüttern, denn runder als rund geht bekanntlich nicht. Die Hündin ahnte wohl, welchen 3-Sterne-Koch sie sich da geangelt hatte, und wich ihm nicht von der Seite. Vom ersten Moment an genoss sie die Lenzsche Küche und widerlegte alle physikalischen Gesetze. Sie fühlte sich rundum wohl und wurde runder und runder.

– Herr Lenz, Wohlstandshunde kriegen auch Wohlstandskrankheiten!

Meine Worte verfehlten die Wirkung. Herr Lenz nahm mich zur Seite.

– Mein Großvater hatte zwei schöne Pferde, bis er zwei schöne Frauen in der Stadt fand. Für den Puff brauchte er immer mehr Geld und kaufte immer weniger Heu. Die Pferde magerten immer mehr ab, bis sie verhungerten. Das passiert meiner Daisy nicht, Herr Doktor.

Als Daisy die Ausmaße eines Brauereipferdes angenommen hatte, zog ich die Reißleine.

– An einer Herzverfettung zu sterben ist bestimmt nicht angenehmer als zu verhungern, Herr Lenz.

Das saß. Herr Lenz erklärte sich bereit, mit Daisy eine Abmagerungskur zu machen. Wir wogen das Tier. Weil sie eine feine Dame war, will ich ihr Gewicht an dieser Stelle diskret verschweigen. Ihr Body-Mass-Index lag aber arg im Argen!

– FdH ist angesagt, Herr Lenz. Friss die Hälfte, und viel Sträßchen hoch und runter.

– Aber Möhrchen darf sie, Herr Doktor …

– Möhrchen darf sie, Herr Lenz!

Daisy wackelte mit den Öhrchen und freute sich aufs Möhrchen. Was aber nicht wackelte, war das Zünglein an der Waage. Es verharrte hartnäckig, und zwar wochenlang!

– Mit der Waage stimmt was nicht, Herr Doktor, oder ist das ein Kompass? Die Waage zeigt immer nach Norden!

– FdV ist angesagt, Herr Lenz! Friss das Viertel, und schön Sträßchen hoch und runter.

– Aber Möhrchen darf sie doch, Herr Doktor?

– Möhrchen darf sie, Herr Lenz!

Der Sommer ging zur Neige, aber der Zeiger an der Waage neigte sich nicht.

– Herr Lenz, bitte bringen Sie mal Daisys Tagesration mit, ich muss die Kalorien berechnen.

Einen Tag später betrat der wahrhaftige Nikolaus in Gestalt von Herrn Lenz die Praxis.

– Herr Lenz, Sie wollen doch hier keinen Tierfutterladen eröffnen?

Die Diskretion erlaubt es nicht, die unglaubliche Masse an verschiedenen Futtersorten und Leckerlis zu nennen. Nur so viel – der Tisch war randvoll. Und er ist wirklich nicht klein!

– Wo sind die Möhrchen, Herr Lenz?

– Ja, die Möhrchen, die Möhrchen … wo sind denn nur die Möhrchen … die hat Daisy alle schon gefressen. Seien's mir nicht bös, Herr Doktor, Daisy ist kein Ackergaul – immer nur Möhrchen …

– Herr Lenz, nicht Daisy, Sie sind therapieresistent.

– Haben Sie denn nur die Möhrchendiät im Angebot?

Ich änderte die Methode. Wir bestellten eine Low-Fett-Adipositas-Diät. Wogen streng wie ein Apotheker die Tagesrationen ab, packten diese in extra Beutel, für jeden Wochentag einen. Jeden Beutel beschrifteten wir: Datum und Wochentag, mit Edding extra dick.

Konnte da noch etwas schiefgehen? Es konnte! Herr Lenz erschien am Mittwoch in der Praxis.

– Die Beutel sind alle, kann ich neue haben?

– Herr Lenz! Die Woche hat sieben Tage. Wir haben Ihnen sieben Beutel mitgegeben.

Herr Lenz wurde nachdenklich, dann lächelte er.

– Es gibt nur zwei Möglichkeiten. Entweder hat Daisy sich verzählt, oder eine Hundewoche hat nur drei Tage. Wer weiß das schon!

Sie, lieber Leser, hätten sicherlich gern gewusst, ob Daisy jemals wieder schlank geworden ist. Doch wie schon gesagt: Auch der Tierarzt unterliegt der Schweigepflicht.

DER DEPRESSIVE HUND ODER DER PLACEBOEFFEKT

Als meine neunzigjährige Mutter an Altersdemenz erkrankte und eine leichte Depression entwickelte, versuchte ich es mit Stimmungsaufhellern. Ich entschied mich für Johanniskraut. Das Kraut, das meinen Namen in sich trägt. Mehr oder weniger. So rezeptierte ich Jarsin (Johanniskraut) auf einem Rezept unserer Tierarztpraxis, mit dem Zusatz »für Hund«. Damit ging ich in die nächste Apotheke. Der Apotheker las mit Staunen das Rezept und stammelte:

– Dann haben Hunde ja doch eine Seele!

Wochen später löste ich das Folgerezept ein.

– Und … hat es geholfen?

– Ich kann es Ihnen nicht sagen. Er nimmt es nicht regelmäßig. Schmeckt ihm wohl nicht!

– Sie müssen es mit Leberwurst vermischen. So mache ich es bei meinem Hund.

– Bekommt Ihr Hund auch Antidepressiva?

– Nein, er hat eine Herzinsuffizienz und braucht Herztabletten.

– Ich werde es aber versuchen. Ja, ja, ich hörte bereits von der Empfehlung, die Salamitaktik anzuwenden!

Monate später holte ich wieder Tabletten, da es Mutter damit anscheinend besser ging. Vielleicht waren es aber auch nur das Frühjahr und der Sonnenschein.

– Und? Wie ist die Stimmung bei Ihrem Hund, wirkt er denn wieder fröhlicher?

– Ja, um einiges!

– Das wäre der eindeutige Beweis, dass Hunde auch eine Seele haben!

Der gute Mann war von den Socken.

– Damit ist noch lange nichts bewiesen! Es könnte doch sein, dass die Stimmungsaufhellung auch von der Leberwurst kommt, zumal er rein mengenmäßig mehr Wurst als Tabletten erhält. Sie sind Apotheker und sollten wissen, dass nur eine randomisierte Doppelblindstudie beweisend ist.

– Sie haben recht, und Sie sind vom Fach, Herr Kollege.

Irgendwann setzte ich die Tabletten ab. Mutter zeigte sich trotzdem ihres Lebens froh.

Auch den Hunden sollten noch viele fröhliche Stunden beschert sein. Ein Jahr später tauchten nämlich die ersten Hundetabletten mit Leberwurstgeschmack auf dem Markt auf. War es der beseelte Apotheker oder ein findiger Pharmaunternehmer, der diese Rezeptur patentiert hatte? Er dürfte damit reich geworden sein!

Heute gibt es Wurm-, Schmerz- und Schilddrüsentabletten für Hunde mit Leberwurstgeschmack. Die wiederum schmecken so gut, dass manch fröhlicher Hund eine ganze Packung auf einmal frisst. Daher müssen wir sorgfältig darauf achten, immer den Warnhinweis auf der Medikamentenpackung zu notieren: Unerreichbar für Kinder und Hunde aufbewahren!

Vielleicht enthält die Rezeptur ja auch etwas Johanniskraut. Und Hunde haben doch eine Seele.

Dem Hund ist diese Frage eh Wurst! Leberwurst!

DER HUND ALS GERIATRIKUM

Der Hund ist ein hochwirksames Geriatrikum.

Eine Dame mit Dackel, sowohl sie als auch er in die Jahre und die Kilos gekommen, schleppte sich mehr schlecht als recht durchs Leben. Wann immer sie die Praxis betrat, geschah das in derselben Reihenfolge: schlappes Frauchen, schlappe Leine, schlapper Hund!

Es war nur eine Frage der Zeit, ob und wann einer am Ende der Leine ganz aufgab. Die Leine hing immer mehr durch, wie auch der Bauch des alten Dackels, bis er mit sechzehn Jahren verstarb.

Da Frauchen und Wasti nicht nur über die Leine, sondern auch emotional sehr aneinander gehangen hatten, machten wir uns große Sorgen.

Es kam ganz anders!

Zwei Monate später betrat sie mit einem jungen Foxterrier, der im besten Flegelalter war, die Praxis. Nur die Reihenfolge war jetzt umgekehrt: vitaler Hund, gespannte Leine, vitales Frauchen!

Hatte sie früher ihren Wasti hinter sich her geschleppt, wurde sie nun von Mäxchen gezogen. Leine und Arm spannten sich wie das Seil eines Akrobaten. Frauchen tanzte, mal im Wechselschritt, mal im Ausfallschritt. Tango und Foxtrott zugleich. Foxtrott mit dem Foxterrier!

Bald darauf machte sie professionelles Dog-Dancing, betrieb Agility und lief den Halbmarathon.

Ich bin mir sicher, sie schafft auch noch den Ironman, mit ihrem Irondog.

DER MÜNDIGE PATIENT ODER DIE REKRUTENKRANKHEIT

Das mündige Internet produziert den mündigen Bürger – manchmal auch den »vollmündigen«.

Seit Boris Becker die drei Worte »Ich bin drin« gesprochen hatte, war unsere heile deutsche Welt nicht mehr dieselbe. Diese Worte hatten eine ähnlich revolutionäre Bedeutung für Deutschland wie Galileis »Und sie bewegt sich doch« für das Universum. Was der athletische Boris geschafft hatte, gelang bald auch uns Feinmotorikern. Sämtliche Tief- und Hochleistungsdenksportler waren drin. Wir alle waren Boris! Wir alle waren drin! Im Schlamassel!

Nur, »Bobbele« wurde dafür bezahlt, wir mussten bezahlen. Und müssen es wahrscheinlich bis ans Ende unserer Tage. Nicht bloß mit Geld, auch mit dem Verlust unserer Freizeit und dem unseres freiheitlichen Denkens. Seit der Erfindung des Internets ist die Anzahl der Hobby- und Pseudowissenschaftler exponentiell gestiegen. Hauptsächlich bei den Möchtegernmedizinern. Erteilte das Gesundheitsministerium Approbation nach Einschätzung der Ambitionierten selbst, müsste die Erde in einem Meer aus weißen Kitteln versinken. Der Ärztemangel wäre über Nacht beseitigt! Zu klären bliebe nur die Frage, wer Chef- und wer Assistenzarzt spielen darf.

Ein sichtlich leidender Mann und ein sichtlich leidender Hund betraten das Behandlungszimmer.

– Was haben wir denn für Sorgen?

– Mein Wuschel hat die Rekrutenkrankheit.

– Dem grauen Schnauzbärtchen nach scheint Wuschel doch eher Legionär. Dazu gäbe es auch eine passende Krankheit. Die sogenannte Legionärs- oder auch Legionellenkrankheit. Dient er außer seinem Herrchen auch im Heer?

– So weit bin ich auch schon, Herr Doktor! Hab im Netz recherchiert, zur Legionärskrankheit passt das Symptom Erbrechen nicht.

– Da haben Sie recht. Die Legionellen befallen vorwiegend die Lungen.

– Aber mein Wuschel kotzt und hat Durchfall.

– Was hat das denn mit den Rekruten zu tun?

– Ich war auch mal Rekrut, und die ganze Kompanie hatte Erbrechen und Durchfall.

– Kollektives Erbrechen und Durchfall sind keine Alleinstellungsmerkmale für Rekruten, auch ist mir keine Rekrutenkrankheit bekannt.

– Aber mir! Im Internet steht, dass sie im Jahre 1823 bei drei Rekruten aufgetaucht sein soll.

– Da haben Sie die falsche Seite aufgerufen, *Bild* statt *Frankfurter Allgemeine*!

– Herr Doktor, jetzt muss ich es Ihnen ja doch sagen, ich war mit Wuschel beim Notdienst. Dem Tierarzt dort war diese Krankheit bei Hunden bekannt. Hier auf dem Zettel steht es schwarz auf weiß.

Ich las mir den Befund des Kollegen durch. Dort stand vermerkt »starkes Regurgitieren, Verdacht auf Gastroenteritis«. Das Rätsel der »Rekrutenkrankheit« war gelöst.

– Haben Sie »rekrutieren« in Ihren Rechner eingegeben?

– Ja, habe ich. Was ist daran falsch?

– Alles! Das heißt nicht rekrutieren sondern regurgitieren, und das bedeutet Nahrungsbrei auswürgen, ähnlich wie die Taube ihren Kropf entleert.

– Mein Wuschel hat keinen Kropf.

Wir verabreichten Wuschel ein Kontrastmittel und fertigten eine Röntgenaufnahme seiner Speiseröhre an. Die Diagnose war eindeutig. Megaösophagus (krankhaft erweiterte Speiseröhre). Patienten, die daran leiden, können nicht mehr richtig schlucken und müssen zeitlebens ihr Futter aus einer erhöhten Position aufnehmen.

– Ihr Hund hat das Gegenteil der »Rekrutenkrankheit«, er kann nicht schlucken. Die Rekruten können das aber sehr gut. Sie schlucken nämlich wie die Schluckspechte. Vielleicht ist das ja die Rekrutenkrankheit, aber die kommt bei Tieren, glaube ich, eher selten vor.

DER TIERARZT KOMMT VON HINTEN ODER DIE WEIBERKÜHE

Als ich meine Assistentenstelle im Bayerischen Wald antrat, gab mir mein Doktorvater in weiser Voraussicht einen Impfstab als Abschiedsgeschenk mit. Damals konnte ich noch nicht wissen, mit welch einer Wunderwaffe er mich da ausgestattet hatte. Vollgestopft mit Theorie, null Praxis und besagtem Impfstab trat ich meinen ersten Job an.

Es war Februar, Wintersportsaison und Rinderimpfsaison.

– Pass auf, dass du keine Preußen überfährst!

Mein Chef war immer sehr umsichtig.

Im russischen Crossover-SUV, halb Auto, halb Panzer, fuhr ich von Bergbauernhof zu Bergbauernhof, um die Rinderbestände durchzuimpfen. Nach dem ersten Hügel wusste ich, wen er mit »Preußen« gemeint hatte. Die Skilangläufer, die im ewigen Weiß ihre Bahnen zogen und die Tierarztwege kreuzten. Ich schonte sie, aber nicht ihre Loipen. Im Rückspiegel sah ich manch einen mit dem Skistock winken. Oder fuchtelten sie etwa?

Die meisten Bauernhöfe waren klein und lebten von Vieh- und Touristenzucht. Fast alle hatten ein bis zwei Fremdenzimmer. Neben den paar Kühen fütterte man auch ein paar Saupreußen mit. (So heißen in Niederbayern die Touristen.) Bewirtschaftet wurden die Nebenerwerbshöfe von den Bäuerinnen. Die niederbayerischen Männer arbeiteten in den großen Autokonzernen, hauptsächlich in München, manche auch in Stuttgart. Sie waren nur noch Wochenendbauern. Meine Hochachtung gehörte den Bäuerinnen, die ähnlich schwere Arbeit leisteten wie die Trümmerfrauen nach dem Krieg.

Für den Tierarzt ergab sich folgendes Problem: Da die Kühe selten ein männliches Wesen zu Gesicht bekamen, waren sie als männerscheu und »Weiberkühe« verschrien. Sobald sie ein Mannsbild erblickten, schnaubten sie wild und sprangen mit den Vorderläufen in die Futtertröge. Es war nicht einfach, sie medizinisch zu versorgen. Ich erwog schon, meinen Bart komplett zu rasieren und mir ein Kleid anzuziehen, da fiel mir der Impfstab ein. Die gewöhnliche Impfspritze kannte jede Kuh, sie wusste folglich, was da auf sie zukommt. Bei meinem Impfstab stand sie wie die Kuh vorm neuen Tor. Der Zauberstab ermöglichte mir, die Tiere mit gebührendem Ab- und Anstand zu impfen. Dennoch gab es bisweilen Einwände.

– Es ist nicht fair den Kühen gegenüber!

– Es ist auch nicht fair, dass ich keine Hörner habe!

Den Impfstab würde ich mit meinem Leben verteidigen! Aber das war gar nicht nötig. Die Kühe fraßen friedlich ihr Heu, und ich impfte friedlich Kuh für Kuh. Missverständnisse gab es eher mit den Zweibeinern.

Beim ersten Bauernhof angekommen, fuhr ich noch forsch vor den Haupteingang und klingelte. Eine nette alte Dame öffnete die Tür.

– Grüß Gott, ich bin der neue Assistent und führe die Impfprogramme durch.

– Guat, dass Sie do san.

– Ich hol nur noch schnell die Spritzen aus dem Wagen.

Nachdem ich eine neue lange und dicke Nadel auf den Impfstab gesetzt hatte, betrat ich den Flur. Die eben noch rosabackene nette alte Dame wurde kreidebleich.

– Jo mei! Herr Doggda, wos fia a große Schbritzn! Nah, so a große Schbritzn!

– Das ist nicht so schlimm, wie es aussieht. Das ist der moderne Impfstab.

– Wissen's, Herr Doggda, mia oafachen Leid vom Doaf miassn net ois Moderne mitmocha.

– Den Fortschritt kann keiner aufhalten.

– Sie moanand, a so a große Schbritzn warad a Fordschridd?

Sie wurde immer blasser.

– Ja, die Kühe sind viel ruhiger und entspannter dadurch.

Plötzlich wurde auch die alte Dame viel entspannter. Wie befreit lächelte sie mich an.

– Jessas, Sie san da neie Viechdoggda! Eitz hob i gmoand, Sie san wega da Gribbeimbfung kemma. Eitz bin i ganz dakemma. Des Drumm is a Kuahschbritzn! I werd nimma.

– Ich bitte um Entschuldigung, tut mir sehr leid … Es geht um die Maul- und Klauenseuchenimpfung!

– Des kanndat da Hinddaeggerhof-Maria guat doa. Die hot gor a schiachs Maul. Der Tierarzt kimmt glei eh vo hint.

– Hinten rum?

– Vo hint, wega de dreggadn Stiefel.

Ich hatte wieder etwas gelernt. Der Tierarzt kommt immer hintenrum, der Hausarzt immer von vorn.

Einige Tage später bin ich wieder in Sachen Impfung unterwegs. Diesmal hintenrum. Ich fahre auf einen Hof, kurbele das Fenster runter und schreie:

Ich komme hintenrum!

Eine adrette Bäuerin ruft aus dem Fenster:

– Ah. Sie wissen's scho. Bi glei so weit.

Ich fahre standesgemäß zum Stall, ziehe meine Gummistiefel an, zücke den Impfstab und betrete das Gebäude. Die alten Bergbauernhofställe in der Gegend sind häufig an das Wohnhaus gebaut und durch eine Tür verbunden. So haben die Bauern kurze Arbeitswege, und im Winter strömt »Biowärme« aus dem Kuhstall in die gute Stube. Mittlerweile hatte ich eine ausgefeilte Impfstrategie entwickelt. Ich ließ die Bauern stets frisches Heu in die Raufen füllen. Anschließend sprang ich, flink wie ein Torero, zu der fressenden Kuh und setzte die Nadelstiche hinter die Ohren.

Die Bäuerin ließ auf sich warten. Ich sah die Kühe an, die Kühe sahen mich an. Sehr geduldig. Schließlich wagte ich, die Stube durch die Stalltür zu betreten. Der Tierarzt kommt hintenrum, hatte ich ja bereits gelernt. Ich zog meine Stiefel aus und ging auf leisen Socken durch die Tür. Mir verschlug es die Sprache! Ein Bild wie von Rubens gemalt harrte meiner Betrachtung.

– Wo bleibn's denn so lang? Mochans fix, i ko koane Schbritzn seng.

Ich stand wie angewurzelt und fassungslos da. Da stand Bäuerin Johanna, mir den Rücken zugewandt, mit dezent geliftetem Rock und gespanntem Gesäß.

– Ich bin der Tiiier…

– Eitz schbritzn's scho. I kriag ja an ganz an koidn Oarsch!

Sie warf einen zaghaften Blick über ihre Schulter.

– Jessas Maria, wos fiar a Drumm.

Schreiend rannte sie aus dem Haus. Schreiend rannte ich hinterher.

– Ich bin der Tierarzt – ich bin doch nur der Tierarzt! Ich will doch nur die Kühe impfen!

– Sie sand oba ned da Assi vo meim Doggda? Des gibt's doch gor ned.

Langsam beruhigte sie sich. Langsam beruhigte sich mein Puls.

– Mei, so a Zufall, i kriag heit mei Monadsschbritzn. Wissen's, wega dera fliagadn Hitzn!

– Das ist heute aber eher eine fliehende als eine fliegende Hitze. Mir ist auch schon ganz heiß. Haben Sie vielleicht ein Glas kaltes Wasser?

– Hob i.

Da war sie wieder, die pure niederbayerische Gastfreundschaft einem Saupreußen gegenüber.

DES DEUTSCHEN LIEBSTES KIND – PUDEL ODER POLO?

Hätten Sie es gewusst? Des Deutschen liebstes Kind ist der Hund und nicht das Auto. Rechnet man die Kosten auf ein Hundeleben um, entspricht als günstigste Variante der Pudel dem Polo. In der gehobenen Mittelklasse dann der Berner dem Benz, im Luxussegment der edle Jagdhund dem edlen Jaguar. Je nach sozialem Status oder Budget gibt es den allradangetriebenen Vierbeiner. Wer sich keinen Markenhund leisten kann, der sieht sich auf dem Gebrauchthundemarkt um. Im Internet, dem nächsten Tierheim oder auf dem Balkan.

Tierschützer werden jetzt aufschreien: »Man kann doch einen Hund nicht mit einem Auto vergleichen! Und das als Tierarzt!«

Ich entgegne: Muss man sogar, wenn man sieht, wie Hunde gleich Gebrauchtwagen im Tierheim landen oder auf Parkplätzen abgestellt werden!

Dennoch ist Deutschland ein Hundeparadies. Es gibt eine reich verzweigte Industrie. Hundereiseführer, Hundehotels, Hundestrände, Hundewellness, Hundetanzschulen und Hundetagesstätten, sogar mit Inklusion. Für das leibliche Wohlergehen sorgt ein Heer von Haustierärzten, Internisten, Chirurgen, Orthopäden, Augenspezialisten und Homöopathen. Es gibt sogar Hundepsychologen. »Dog in balance« heißt das Motto. Auch kulinarisch werden unsere Lieblinge verwöhnt. Von feinster Hundeleberwurst bis zum Leckerli, von der Out- und Indoor-Diät bis zur Low-Carb- und Low-Fat-Diät.

Die Deutschen sind auf den Hund gekommen! Und von den Kindern abgekommen. Der Hund als Kinderersatz, gar Enkelersatz. Alten- und Pflegeheime bekommen Hundebesuch statt Kinderbesuch. Es gibt mehr Hundeschulen als Ganztagsschulen.

»Nestbeschmutzer« werden die Kollegen jetzt schreien. Aber nur die kurzsichtigen. Schließlich heißt das für die kommenden Generationen, dass am anderen Ende der Leine auch weniger Gassigeher und kaum noch Futterdosenöffner stehen. Weniger Zweibeiner, das hätte fatale Folgen für die geliebten Vierbeiner.

Hundeboom statt Babyboom hat dem Hund geschadet. Der stolze Urhund, der sich dem Höhlenbewohner angeschlossen hatte, ist zum Modeartikel degeneriert, oft auch zur Qualzucht.

Eine solche Qualzucht saß im Wartezimmer mit entsprechendem Frauchen. Beide mit zucht- und stressbedingter Atemnot.

– Ich möchte Chefarztbehandlung für meine Bella. Sie ist Europachampion. Ihre Eltern und Großeltern waren Weltsieger.

So ein edler Stammbaum konnte mich in den Jahren meiner Assistentenzeit beeindrucken. Da wurden mir die Knie schon im Vorfeld butterweich. Ich eilte ins Chefzimmer, meinen Vorgesetzten zu benachrichtigen.

– Im Wartezimmer sitzt ein Hund von edlem Geblüt, er besteht auf Chefarztbehandlung!

– Ist das ein Mops in Begleitung einer Dame? Japsen sie beide nach Luft?

– Genau, die beiden sind es! Es ist die Frau von und zu Hohendünkel.

– Ich bin nicht da! Verstehen Sie? Nicht da!!! Herr Kollege, das machen Sie, das ist Ihre Bewährungsprobe, schließlich sind Sie in der Probezeit und nicht ich! Außerdem haben wir keine Zweiklassenbehandlung – anders als in der Humanmedizin.

Mit noch weicheren Knien schleppte ich mich zurück ins Behandlungszimmer und ließ die beiden Patienten aufrufen. Die Mops-Dame empörte sich umgehend!

– Sagen Sie nicht, der Chef sei außer Haus, sein Auto steht auf dem Hof! Und sagen Sie ja nicht, der Chef hätte eine wichtige Besprechung!

– Apropos sprechen – darf ich auch etwas sagen?

– Nur zu …

– Der Chef befindet sich im OP, und das kann dauern. Gerne können Sie aber so lange im Wartezimmer ausharren, es sei denn, es handelt sich um einen Notfall.

– Natürlich bin ich ein Notfall!

– Okay, dann setzen Sie Bella sofort auf den Behandlungstisch.

Erstaunlicherweise setzte sie Bella ohne Widerspruch auf den Behandlungstisch.

– Was haben wir denn für Sorgen?

– Bella ist sexuell belästigt worden! Ich möchte ein medizinisches Gutachten, damit ich den Mann verklagen kann!

Ich versuchte sachlich zu bleiben.

– Kennen Sie den Mann?

– Und ob – er ist mein Nachbar!

– Das ist ja eine heftige Anschuldigung. Gibt es denn Zeugen?

– Ich habe es mit eigenen Augen gesehen, wie sein dreckiger Fiffi mit sooooo einer langen Zunge meine Bella hintenrum geleckt hat.

Mir fiel ein Stein vom Herzen.

– Also war es nicht der Nachbar, sondern sein Hund.

– Natürlich! Dieser ungepflegte Straßenköter wagt sich an meine edle, preisgekrönte Bella heran. Das ist doch pervers! Das ist doch so, als würde die Prinzessin von England mit dem Reitlehrer …

– Soll schon vorgekommen sein … aber, belecken hintenrum oder vorne rum gehört beim Hund zum normalen Begrüßungsritual und ist keine sexuelle Belästigung. Allerdings könnten Sie eine einstweilige Verfügung erwirken.

Ich untersuchte Bella gründlich.

– Sie zeigt eindeutige Symptome von Läufigkeit, da sollten Sie gut auf sie aufpassen. Die Hormone fragen nicht nach Standesunterschieden.

– Ich möchte sie ja decken lassen, aber nur von einem reinrassigen Mops-Champion. Auf keinen Fall von einer Promenadenmischung.

Eine Woche später fegte ein Orkan mit Windstärke zwölf in Form der Frau von und zu Hohendünkel durch die Tierklinik, »Bella von und zu Hohendünkel« im Schlepptau. Beide schnappten nach Luft.

– Hiiiilffeeee, wo ist der Chef? Das ist ein Notfall! Meine Bella wurde vergewaltigt! Sie blutet hinten!

Anstelle des Chefarztes stürzten sich drei Assistenten auf den Notfall. Einer tröstete Frau von und zu Hohendünkel, der zweite tröstete »Bella von und zu Hohendünkel«, und der dritte, ich nämlich, untersuchte das Tier gynäkologisch.

– Das sind normale Restblutungen einer abklingenden Läufigkeit …

– Aber der Köter hat auf ihr draufgehangen, obwohl sie einen Tag vorher beim preisgekrönten Deckrüden war. Eine Schande für die ganze Zucht! Eine Unzucht nenne ich das!

– Es handelt sich hier um den klassischen Fall einer Doppeldeckung. Doppeldeckungen sind nicht außergewöhnlich, ganz im Gegenteil. In der Zucht sogar üblich. Wo ist das denn passiert?

– In Nachbars Garten!

– Sie sollten sich die Sache mit dem Verklagen noch mal überlegen. In diesem Fall ist Bella fremdgegangen und nicht Fiffi.

Der Nachbar erwies sich als toleranter und schlauer Zeitgenosse:

– Wenn es denn mein Fiffi war, komme ich für die Alimente auf, aber erst nach einem Vaterschaftstest.

Bella selbst sorgte später für klare Verhältnisse. Nach 63 Tagen gebar sie einen hübschen reinrassigen Mopswelpen und einen noch hübscheren Promenadenmischling. Auf der Promenade selbst sah man später die beiden Nachbarn zusammen mit vier Hunden flanieren. Man munkelte, dass was zwischen den zwei Zweibeinern laufe (und meinte damit nicht die vier Vierbeiner).

DIE BANANENKRANKHEIT ODER DAS TWIGGYSCHWEIN

Beim Bauern Friedel gibt es wieder eine Sau mit Bananenkrankheit. Bitte übernehmen Sie, ertönte über Funk die Stimme der Chefin meines Chefs. Der Altassi und ich grunzten etwas ungehalten und verlängerten den Arbeitstag wieder mal in die Nacht hinein.

Damals war der Schlankheitswahn auch bei den niederbayerischen Schweineställen angekommen. Evidenz-basierte, randomisierte Doppelblindstudien hatten bewiesen: Schlanke Schweine bedeuteten schlanke Endverbraucher. Selbst der letzte cholesterinbewusste Gesundheitsapostel konnte nun ohne Reue seine Haxe in Malzbiersoße genießen.

Die Schweine wurden also auf Diät gesetzt. Vorbei mit der schweinischen Schmatzerei! Vom vollschlanken, familiären Resteverwerter zum Kostverächter. Konnten sie sich früher auf den alten Bauernhöfen noch genussvoll im Dreck suhlen, wurden sie nun in sterile Spaltenbödenställe gesperrt. Man rationierte ihnen das Futter und erhöhte dafür die Dosis Antibiotika.

Auch das Proletariat soll sich täglich eine Schweinshaxe leisten können – sagt die SPD! Masse statt Klasse! McRib for everybody. Das Gewicht der Schweine nahm ab, ihre Zahl nahm zu. Drei Quadratmeter Wohnraum fürs »Normalschwein«, sechs für die Muttersau. Auf den alten Bauernhöfen war das Tier sozusagen Familienmitglied, heute ist es nur noch das Endglied der Ernährungskette. Massenbetriebe mit tausenden Schweinen von Niederbayern bis Flensburg waren die Folge. Aus dem ehemaligen deutschen Edelschwein wurde eine arme Sau.

Wie war es aber um den Speck der Bundesbürger bestellt? In den siebziger Jahren züchtete man hier zwei Rassen: das Deutsche Edelschwein und die Deutsche Landrasse. Beide haben hohen Muskelanteil und vergleichsweise wenig Speck. Dem rundlichen Wonneproppen folgte das »Twiggyschwein«. Es war paradox, die Tiere nahmen ab, die Zweibeiner zu. Je trockener der Hinterschinken wurde, desto mehr nutzte man Bratenfett: »Wolln Sie rosa Schweinebraten – nehmen Sie Biskin zum Braten.«

Derart hochgezüchtete Schweine sind krankheitsanfälliger. Die Ställe gerieten zu Hochsicherheits-Quarantänestationen, die abgesehen vom Landwirt und vom Tierarzt vielleicht noch der Staatsanwalt betreten darf. Man wird in Spezialanzüge mit Mundschutz gesteckt und durch eine Dekontaminationsschleuse keimfrei gemacht. Der erste Spaziergang auf dem Mond war weniger aufwendig als das Betreten eines solchen Schweinestalls. Da die Immunabwehr der Schweine damit etwa so durchlässig ist wie die Abwehr des 1. FC Köln, sterben viele Tiere auf dem Weg zum Schlachthof den Stresstod, was auch als Managerkrankheit bekannt ist.

Der Ausweg aus dem Dilemma: »Zurück zur Natur«, wie Jean-Jacques Rousseau formuliert hat. Rückzüchtung also. Statt allein Schweine mit edlem Stammbaum zu kreuzen, nahm man auch rustikale Naturburschen ins Zuchtprogramm. Aus dem Donaudelta kamen naturbelassene Wildformen unseres domestizierten

Hausschweins zu uns. Aus dem Deutschen Edelschwein wurde wieder eine Wildsau, aus der »Deutschen Edelsalami« eine stinknormale Wurst.

Der Schweinebetrieb war nicht schwer zu finden, man musste bloß der Nase nach fahren. Kilometerweise reichte der Duft. Wir folgten also unserem nasalen GPS. Im Stall angekommen bot sich uns dann ein trauriges Bild. Da stand die Sau, mit einem aufgekrümmten Rücken, der tat ihr sauweh. Dieses typische Krankheitsbild wird treffend als Bananenkrankheit beschrieben. Aufgrund eines Vitamin-E- und Selenmangels kommt es zu einer Stoffwechselstörung in der Muskulatur. Die führt zu Entzündungsprozessen – und die wiederum zum Absterben von Muskelfasern. Ironie des Schicksals! Genau der Muskel, der am besten schmeckt, leidet am meisten darunter. Er heißt Musculus latissimus dorsi und ist besser bekannt als Filetstück. Vielleicht war das ein Wink der armen Schweine: »Macht nicht so weiter, sonst schneidet ihr euch ins eigene Fleisch.«

Das Beste vom Besten des Schweinefleisches war damit unbrauchbar. Die wirtschaftliche Seite konnte dem Schwein egal bleiben, es grunzte uns mit seinem aufgekrümmten Rücken gequält entgegen. Da es sich vor Schmerzen kaum bewegte, war es ein Leichtes, ihm die notwendigen Spritzen zu verabreichen, eine Mischung aus Vitamin E, Selen und Cortison. Tage später wiederholten wir die Medikation. Nach einer Woche war aus dem krummen Bananenrücken ein weniger krummer Gurkenrücken entstanden. Ob er dem Krümmungswinkel einer genormten EU-Gurke entsprach, kann ich nicht sagen, das Schwein grunzte wieder vergnügt und wühlte zufrieden im nicht vorhandenen Dreck.

Angesichts der Tragödie in der Bratpfanne schwenkte die Wissenschaft um. Es wurde wieder mehr Speck ins Schwein gezüchtet, die Schweinshaxe folglich saftiger. Ein gestandener Bayer brauchte nur noch eine Maß Bier pro Haxe statt derer zwei. In der Folge sank der Bierkonsum auf beängstigende Weise. Der Freistaat indes wusste sich zu helfen. Man holte Chinesen und Japaner auf das Oktoberfest. Die tranken die Maß auch ohne Haxe.

Bierkonsum und Völkerverständigung erreichten Höchstwerte. Allerdings machte sich jetzt auch bei den asiatischen Zweibeinern eine Krankheit breit. Dabei handelte es sich nicht um den aufgekrümmten Rücken, sondern den aufgekrümmten Bauch. Nicht der edle Rückenmuskel, sondern der ordinäre schräge Bauchmuskel war betroffen. Man nennt diese Krankheit auch Bierbauch. Sie dürfte aber kaum schmerzhaft sein, denn so gut wie niemand der Betroffenen begibt sich in Therapie.

DIE DIREKTE THERAPIE ODER DE KUAH IS BLAAHT

Wanderer, kommst du nach Niederbayern, findest du dort ein naturbelassenes, ehrliches, weltverschlossenes Völkchen. Freunde findest du nicht so schnell. Der Bärwurz mundet ja auch nicht so gut wie das Kölsch.

Es war Februar, es war im Bayerischen Wald, es war eiskalt, es waren die ersten Tage meiner Assistenzzeit.

»De Kuah is blaaht«, tönte die Stimme der Chefin meines Chefs am andern Ende der Strippe, in mitternächtlich gereizter Tonlage. Ich sprang in die kalten Stiefel und stürmte die Treppe hinunter wie ein Feuerwehrmann. Der Altassistent wartete bereits im ratternden Lada auf mich. Mein Chef war dankbar für dieses Gefährt, kam man damit doch jeden Berg hinauf. Früher hatte er sich noch mühsam mit dem Medikamentenrucksack auf Skiern die Berge hinaufkämpfen müssen.

Wir ratterten gen Osten. Die Grenze zur ČSSR lag unweit von Zwiesel. Direkt hinter ihr, das wusste man in Niederbayern, beginnt Sibirien. Das Wetter war entsprechend. Verkehrsschilder verschwanden im hohen Schnee. Ebenso schwand unsere Hoffnung, die gepeinigte Kuh zu erreichen. Aber das Wunderwerk russischer Ingenieurskunst wühlte sich wie ein Eisbrecher voran, und irgendwann gelangten wir zum Bauernhof. Mit dem Notfallkoffer in der Hand eilten wir in den Stall.

– Ia kemmts z'schbäd!

– Ist sie schon verendet? Die hat sich bestimmt furchtbar gequält!

– Hot's ned miassn, i hob ia gholfa, ko ja ned drei Doog aaf eich woadn.

Besagte Kuh stand da und benahm sich wie ein gesunder Wiederkäuer. Sie kaute!

Bauer Hinterecker war stark von Statur und weniger stark vom Geiste.

Der Altassistent kannte die Haus- und Stallmittelchen der Bauern und fragte nach.

– Wos host'n do?

– I hob ihra an Hoarn gebn.

Wie ich später erfuhr, bekamen die geblähten Kühe von den Bauern Urin eingetrichtert, der, so die niederbayerische Lehrmeinung, von einem Bullen sein musste, um als Entblähungsmittel zu wirken.

– An Hoarn? Du host doch goa koan Bummerl (Bullen) ned.

Jetzt wurde der Bauer Hinterecker verlegen.

– Host an Hoarn vom Petri gholt?

– Joa, wia denn bei dem Schnee.

– Du host den vom Goaßbogg (Ziegenbock) gnumma, sogs!

In Niederbayern gab es in jedem vernünftigen Stall einen Ziegenbock, der mit seinem Gestank die Krankheiten fernhalten sollte.

– A net!

Bauer Hinterecker begann sich am Hinterkopf zu kratzen, ein Zeichen höchster Verlegenheit.

– Du host doch ned ebba …

– Dooch – vo mia!

Er schlug sich mit der Faust auf die Brust. Der Altassi bohrte weiter.

– Host in a Flaschn bieselt und dann eidrichtert.

– Na, hob i net.

– Wia host as nacha gmocht?

Bauer Hinterecker zeigte auf sein bestes Stück, deutete den typischen Männergriff an und brachte sich in Position.

– So, ganz direkt!

– Direkt ins Maul?

– Ja, wo na sunst, wos frogstn so bled!

– Na, dann brauchst uns ja nimma.

– Na, brauch i net.

Wir schafften es gerade noch bis zum Lada. Der Altassi gab Vollgas, um damit unser Lachen zu übertönen. Zum Glück war das eine Zeit, in der die Autos noch richtig Krach machten.

Nach dem niederbayerischen Zwiegespräch in Zwiesel kam auch ich mal zu Wort.

– So, jetzt kaufen wir einen Kasten Weißbier, trinken vor jeder zukünftigen Stallvisite eine Flasche und gehen dann direkt behandeln! Dann sparen wir Medikamente.

DE KUAH HOT SE NED SCHEE GMOCHT

Ich lebte gute zehn Jahre im Herzen von Bayern, in der »Weltstadt mit Herz«. Als Vorzeigeprodukt gelungener Integrationspolitik. Ich hatte gelernt, dass die Weißwurst keine Bratwurst ist, ich verschlang sie auch nicht mehr wie eine Currywurst, sondern zuzelte sie nach Landessitte aus ihrer Haut. Auch in süßen Ketchup tunkte ich sie nicht mehr, sondern in den edel-süßen Händlmaier Senf. Ein Hochgenuss! Der Senf. Schade, dass ihm immer so viel Wurst beilag.

Ich besaß eine Lederhose aus zweiter Hand, da hatte vor meinem ein echter bajuwarischer Arsch drin gesteckt. An meinem Hals hing der rot-weiße Schal des FC Bayern – aus erster Hand. Ich war quasi der Ur-Uli!

Nicht nur kulinarisch, mode- und sportkulturmäßig war ich ein halber Bayer, auch politisch. Ich hatte Franz Josef Strauß live in einer Turnhalle erlebt. Mir imponierten seine Zornesröte, die Freibrezel und das Freibier. Weißwurst gab es leider keine! Wahrscheinlich wegen der Amigo-Affäre!

Einer politischen Karriere stand nur ein Mann im Wege, der noch bajuwarischer war als ich. Ein gewisser Herr Gauweiler. Als ich merkte, dass die bayerische Integrationspolitik immer mehr zur bayerischen Intrigationspolitik wurde, kehrte ich der »Weltstadt mit Herz« den Rücken, und damit schon damals in weiser Voraussicht denselben auch Herrn Gauweiler.

– Ist das Ihr Ernst? Sie wollen freiwillig in den Bayerischen Wald?

Der Chef einer renommierten Starnberger Kleintierklinik empörte sich heftig. Ich hatte die Assistentenstelle, die er mir zwei Tage vorher zugesagt hatte, ausgeschlagen mit der Begründung: »Ich hab da was im Bayerischen Wald gefunden.«

– Bestimmt tun Sie es der Liebe wegen, nur die kann den Verstand so benebeln.

– Sie haben recht, der Liebe wegen.

Ich wollte ihn nicht noch mehr in seiner oberbayerischen Selbstherrlichkeit kränken.

Auch wenn die Liebe nur einen Tag alt war, vom Vorstellungsgespräch des Vortages: Tatsächlich hatte ich mich in die Landschaft des Bayerischen Waldes verliebt. Sie war wild und schön wie die meiner Siebenbürgischen Heimat.

So wanderte ich auf dem Weißwurstäquator gen Osten, wurde vom Oberbayern zum Niederbayern. Dem FC Bayern blieb ich ungehindert treu. Auch später noch, als die Geißböcke des 1. FC Köln meine Nachbarn geworden waren.

Schwieriger gestaltete sich die Konversation. Nach zehn Jahren Oberbayern verstand ich etwa zehn Prozent. Im Niederbayrischen lag ich folglich bei nahezu Null.

– Brauchan's an Kabbizam, Herr Doggda?

Vielleicht? Um mir nicht sofort die Blöße zu geben, verneinte ich.

– Sie san oba tapfa!

Meine Ablehnung erwies sich als ein Fehler. Es stellte sich heraus, dass ein »Kapizam« ein Kopfzaum oder Halfter war. Mit einem Halfter wäre die Kuh einfacher zu bändigen gewesen und hätte mich nicht durch den ganzen Kuhmist quer durch den Stall geschleift. Aber sie brachte mir mein erstes niederbayerisches Gelächter ein. Es sollte nicht das letzte bleiben.

Einen Tag später – das Telefon klingelte.

– Herr Doggda, Sie miassn heit no kemma, mei »Rese« hot se ned schec gmocht.

– Sie sprechen mit dem Tierarzt und nicht mit dem Friseur! Wir sind eine Tierarztpraxis und keine Beautyfarm.

– Da Herr Doggda san zum Schbassn afglegt. Kenna Sie glei kemma, de »Rese« hot se scho drei Doog net schee gmocht, und fress'n mog's aa ned.

Bei dem Wort »Fressen« begriff ich, dass es sich tatsächlich um eine Kuh und nicht um eine niederbayerische Schönheitskönigin handeln musste. Vielleicht hatte sie eine Labmagendrehung, dann war Eile geboten. Also die Kuh, nicht die Bäuerin. Ich trat das Gaspedal durch, während die Fantasie mit mir durchging. Ich sah »Resi« vor meinem geistigen Auge am Spiegel stehend, ungeschminkt im Schlabberfell sich fragend: »Spieglein, Spieglein, hier im Stall: Wer wird die Schönste beim Rinderball?« Irgendwas musste ich falsch verstanden haben. Nüchtern war ich aber.

Für einen Tierarzt riecht ein Kuhstall aromatisch. Der hier roch allerdings tatsächlich nicht gut. Eigentlich ungepflegt. Aber die Kühe wirkten gepflegt. Der Geruch kam aus einer Ecke, und da stand kein Ziegenbock. Vielmehr Resi, apathisch. Neben ihr ein kleines Kalb. Für die Diagnose brauchte man kein feines Näschen. Es handelte sich um Nachgeburtsverhalten, drei Tage alt.

– Ist die Nachgeburt nicht abgegangen?

– Ja, i woas ned, da Hund kannt's gfressn ham! Do miassn's scho eineglanga, Herr Doggda, oda san Sa se z'schee?

Ich zog die längsten Schutzhandschuhe an, die, die über die Schulter gehen, und entfernte die Nachgeburt aus der Gebärmutter.

Mir wurde klar, dass das niederbayerische »de Kuah hot se ned schee gmocht« schlicht und einfach bedeutete, dass die Nachgeburt nicht abgegangen war. Welch poetische Umschreibung! Die Wendung prägte sich mir sofort ins Gehirn, vor allem ins Riechhirn.

Bei diesem Einsatz verlor ich in der Tat meinen Geruchssinn.

DIE SMARTE GENERATION

Die junge Generation – Generation Google – wird oft zu Unrecht kritisiert. Ich mag die jungen Leute. Also die von heute. Sie sind freundlich und friedlich. Und unterschiedlich. Keine Revoluzzer, höchstens Fassadenbeschmutzer. Nichts zieht sie in die Welt hinaus, die kommt ja digital ins Haus. Doch gibt es ein Pokemon im Revier, sind sie schnell vor der Tür.

Gemäß der genetischen Selektion entwickeln sich die meistgebrauchten Organe stark, die selten gebrauchten verkümmern. Das bedeutet, die kommende Generation wird Stielaugen, überdimensionale Daumen und ein Erbsengehirn besitzen. Der Homo sapiens im Jahre 3000 entwickelt sich zum Augen- und Geißeltierchen zurück. Ein optisches und ein taktiles Organ reichen aus. Ein Äuglein und eine Geißel genügen für die Gestensteuerung. Auch die Art der Fortpflanzung ändert sich. Von der geschlechtlichen zur ungeschlechtlichen. Dann eben wieder Zellteilung.

Manche dieser Googleisten haben eine Katze zu Hause, wahrscheinlich weil ihre Maus am PC öfter spinnt. Der Prototyp eines solchen Technikkindes saß mitsamt Katze bei mir im Wartezimmer. Normalerweise versuchen »Katzenmenschen« beim Tierarzt, ihr Tier zu beruhigen und beschäftigen sich mit ihm. Der Googlemensch hatte zwar den Katzenkennel auf dem Schoß, aber nur als Ablage für sein Tablet mit dem angebissenen Apfel. Er war so in die virtuelle Welt vertieft, dass ihm die reale abhandengekommen schien. Ich musste ihn zweimal aufrufen. Mehr oder weniger in der Realität zurück betrat er das Behandlungszimmer. Akkurat gekleidet und noch besser frisiert. In seinem Schickimicki-Mäntelchen ganz ein IT-Dandy.

– Was haben wir denn für Sorgen?

– Meine Katze humpelt.

– Hinten oder vorne?

– Vorne!

– Rechts oder links?

– Von vorne rechts und hinten links!

– Das ist Ihre Sichtweise, aber uns interessiert nur die Sichtweise der Katze. Um ihr Bein geht es doch!

– Von der Katze aus gesehen links.

Da sich Besitzer bei der Lokalisation des betroffenen Beins oft vertun, lasse ich die Tiere immer etwas im Behandlungszimmer laufen.

– Setzen Sie sie auf den Boden!

– Auf den Boden?

– Auf den Boden!

Er sah mich mit weit aufgerissenen Screenaugen an, legte sein Tablet samt Katze auf den Tisch, lüftete sein Dreiviertel-Mäntelchen und setzte sich artig auf den Boden.

Ich konnte nicht mehr. Durch Lachanfälle gepeinigt, brachte ich gerade einen Satz heraus:

– Das ist ein Fall für meinen Kollegen. Ein Spezialist für orthopädische Sonderfälle.

Ich rettete mich in den Behandlungsraum des Kollegen. Beide Räume sind durch eine Glaswand abgetrennt. Er fragte besorgt:

– Ist dem Mann schlecht? Warum setzt du ihn nicht auf einen Stuhl?

– Er ist virtuell unterwegs, da spielt es keine Rolle, wo man sitzt. Wenn man Zeit und Raum durchbrochen hat, braucht man keinen Stuhl mehr!

FLOHBEFALL MAL ANDERSRUM ODER DER FEHLWIRT

Der Nächste bitte …

Eine adrette Mittdreißigerin betrat das Behandlungszimmer. Ausgestattet mit schicker Prada-Tasche, aus der das süße Köpfchen ihres Chihuahua-Hündchens hervorlugte.

– Wo ist denn heute der Patient?

– Der steht vor Ihnen. Ich bin heute der Patient!

Ohne die geringste Vorwarnung entblößte sie ihren Bauchnabel.

– Herr Doktor, das habe ich Ihnen zu verdanken!

Um den gepiercten Bauchnabel erkannte ich einige gerötete »Piercingversuche« von besonders dreisten Flöhen. Dazu kamen quer verlaufende Kratzspuren, die eher auf eine Automutilation denn auf ein Schäferstündchen zurückzuführen waren. Warum gewisse Menschen, vor allem Frauen, so gern von Flöhen befallen werden, ist genauso ein Rätsel wie das um die schwarzen Löcher im Universum.

– Seit Sie meiner Fee die Antiparasitika verabreicht haben, hat eine Völkerwanderung stattgefunden! Es juckt höllisch!

– Die Wandervölker haben sich um Ihren Bauchnabel herum angesiedelt. Zumindest kann man sich dort gut kratzen.

Immer wenn ich mich hilflos fühle, versuche ich zu scherzen.

– Ich kann Ihnen auch noch andere Stellen zeigen.

– Nicht nötig! Ein klarer Fall von Flohbissallergie mit sekundärer Gewalteinwirkung, wahrscheinlich durch Fingernägel. Haben Sie den Täter erwischt, oder soll ich die Spurensicherung schicken?

– Da ist er!

Sie hielt mir ein kleines Kosmetikfläschchen mit einem verschreckten Floh unter die Nase.

– Auf frischer Tat ertappt?

– Ein ganz aggressives Exemplar, darum musste er auch in Einzelhaft. Bevor Sie mir mit dem Tierschutz drohen, helfen Sie mir! Meiner Fee haben Sie schließlich auch geholfen.

– Für Sie sind die Kollegen der Humanabteilung zuständig.

– Da war ich schon, der Hausarzt und der Dermatologe konnten nicht helfen.

– Vielleicht kann es der Parasitologe? Ich darf Sie nicht behandeln.

– Muss ich denn bellen und wedeln, damit Sie mich behandeln? Wir kennen uns doch schon so lange.

Sie trieb mich in die Enge, aber ich blieb standhaft.

– Stellen Sie sich vor, Ihnen würde etwas passieren. Ich könnte meine Approbation verlieren. Schließlich habe ich eine Familie zu ernähren.

– Und ich – eine ganze Flohsippe! Wahrscheinlich für den Rest meines Lebens!

Die Dame war nicht auf den Mund gefallen.

– Ich weiß jetzt, wie Sie mir helfen können, ohne gegen das Gesetz zu verstoßen. Sie sind doch Tierarzt! Der Floh ist auch ein Tier, dann behandeln Sie doch die Flöhe und nicht mich.

– Wenn der Floh der Patient ist, dann muss ich ihn heilen und darf ihn nicht umbringen. Der Arzt ist berufen, Leid zu lindern und nicht zu säen.

– Sie dürfen doch ein Tier einschläfern, zumal Flöhe als Pestüberträger Millionen von Menschen auf dem Gewissen haben.

– Ethisch gesehen besteht auch für Flöhe keine Kollektivschuld. Ich darf ein Tier nur erlösen, wenn es sich quält.

– Sie sehen doch, wie die sich an meinem Bauchnabel quälen.

– Das sieht eher aus, als hätten die Flöhe zusätzliche Lebensfreude gewonnen.

– Gut, dann heilen Sie die Flöhe und lassen sich auch von denen das Honorar bezahlen.

– Wenn wir so weitermachen, schlüpft schon bald die nächste Flohgeneration unter Ihrem T-Shirt!

Ihre Fingernägel wanderten Richtung Nabel. Ich riet ihr zu einer leichten, rezeptfreien, Juckreiz stillenden Salbe und verwies sie an den Humanparasitologen.

Anstelle eines Honorars kassierte ich diese kleine Geschichte.

FLÖHE LIVE ODER DIE FLOHHOCHZEIT

Herr Doktor, meine Snow hat keine Flöhe.

Snow war eine hübsche und leicht stupsnasige, schneeweiße Perserkatze. Schon beim Herausnehmen aus ihrem Korb hatte ich einen Floh hüpfen gesehen.

– Meine Katze kommt nicht nach draußen. Sie kann unmöglich Flöhe haben.

– Sie kommen aber nach draußen, oder sind Sie ein reines Stubenmädchen?

– Ich transportiere keine Flöhe, und außerdem lasse ich die Schuhe immer vor der Tür.

– Die Flöhe benutzen aber öfters Frauchen und Herrchen als Taxi – und das ausschließlich als Schwarzfahrer!

– Sind Sie sicher, dass das Flöhe sind? Ich habe im Internet was von Futtermittelallergien gelesen.

– Ich kann es Ihnen sogar schwarz auf weiß beweisen.

Sachte hob ich die brave Snow hoch. Unter ihrem Bauch feierte eine illustre Gesellschaft eine Flohhochzeit.

– Das Schwarze sind die Flöhe. Das Weiße ist Ihre Katze. Da haben wir es – schwarz auf weiß!

Dem Rest der Bundesbürger, die weder Hund noch Katze haben, weil sie schon immer wussten, dass Tiere Parasitenmutterschiffe sind, sei gesagt: Es gibt auch einen echten hungrigen Menschenfloh.

HUND AUF REZEPT ODER WIE RETTEN WIR DAS GESUNDHEITSSYSTEM?

Wer erinnert sich noch der Nordic-Walking-Lawine, die über unsere Republik rollte und alle Omas mitriss? Kein Wunder, hatten die doch bloß ihre Stöcke dabei. Haben Sie schon mal versucht, mit zwei Stöcken, aber ohne Skibretter einer Lawine zu entkommen?

Wo sind all die Omas hin? Wo ist das Heer von knüppeltragenden Rentnern und Frührentnern, die durch die Wälder stampfen und verbrannte Erde hinterlassen? Manch grüner Wald wurde zur trostlosen Savanne. Wo sind sie? Steppend in der weiten Steppe verschwunden?

Die Opas waren wohl aus Angst vor den stocksauren stocktragenden Omas bereits vorher schon ins Jenseits geflüchtet. Aber was passierte mit den Omas? Wahrscheinlich sind sie als Nordic-Walker immer weiter nach Norden gezogen und besetzen jetzt den Nordpol. Konserviert im ewigen Eis? Haben die Krankenkassen das so geplant und großzügig Zuschüsse gewährt? War es eiskaltes Kalkül? Man stelle sich vor, die CO_2-Werte steigen an, die Eisberge schmelzen weiter, und die Omas kommen als Southic-Walker zurück. Was für eine Katastrophe für unsere Rentenkasse! Ist wenigstens unser Gesundheitssystem noch zu retten?

Die Lösung heißt Hund auf Rezept!

Liebe AOKs, DAKs und so weiter! Gebt den Omas Hunde an die Leine! Hunde statt Stöcke! Die Omas werden von ganz allein Stöckchen schmeißen. Denn Stöckchen schmeißen ist schöner als am Stöckchen gehen. Haben Sie schon mal einen Stock gestreichelt? Oder gleich zwei? Haben Sie schon mal mit einem Stock gesprochen? Hat Ihnen schon mal ein Stock Pfötchen gegeben oder Ihre Hand geleckt? Vielleicht auch Ihr Gesicht? Nein!!!

Ein Stock ist einfach stockdumm! Ein Hund ist intelligent – er kann sogar Stöckchen bringen. Er könnte sogar die alten Walking-Stöcke aus der verstaubten Ecke holen und – »auf geht es« – Gassi gehen. Ein weiterer Pluspunkt: Mit einem Hund kann man in alle Himmelsrichtungen laufen. Nicht nur nach Norden! Einer freut sich immer – im Zweifel der Hund. Oder sind Sie etwa schon einmal mit einem freudig umhertollenden Stock spazieren gegangen? Ein Hund ist ein Garant für physische und psychische Gesundheit, und er besitzt soziale Kompetenz. Haben Sie schon mal einen sozial kompetenten Stock gesehen? Ja, vielleicht früher in der Schule in der Hand eines Lehrers. Aber auch der wurde inzwischen durch den Laserpointer ersetzt!

Zu guter Letzt ist der Hund eine nicht zu unterschätzende Flirthilfe. Auch wenn man heute nicht mehr auf dem Friedhof oder beim Tanz in den Mai nach einem potenziellen Partner sucht, des Menschen bester Freund hat mehr Paare zusammengebracht als alle Online-Portale der Welt. Hundestrippe statt Parshippe! »Hundeleine« statt online.

Die positive Wirkung des Tiers auf Körper, Geist und Seele belegt folgende Geschichte.

Eine rüstige Rentnerin, tier- und partnerlos, betrat eines Tages das Behandlungszimmer.

– Herr Doktor, ich habe sieben Kinder großgezogen, meinen Sie, ich schaffe das auch mit einem Hund?

– Warum nicht, es ist ja nur einer.

– Die Kinder sind aus dem Haus – es ist so leer und trostlos. Ich hoffe, ein Hund kann das ändern!

– Laut Statistik leben Rentner mit einem Hund zehn Jahre länger, mit zwei Hunden zwanzig Jahre länger, mit drei Hunden …

Ein paar Monate später kam sie mit einem lebensfrohen Labrador wieder. Und lebensfroh war auch Frauchen geworden!

– Er macht mehr Arbeit als sieben Kinder. Ich bin sooo glücklich. Seit er da ist, kommen auch die Enkel wieder. Danke für den Tipp!

Zwei Jahre später holte sie noch einen kleinen Jack-Russell-Terrier dazu.

– Sie sagten doch, zwei Hunde zwanzig Jahre länger …

– Und drei Hunde …

Ein paar Monate später erschien sie mit drei Hunden.

– Frau »Hundemeier«, Sie wollen doch nicht unsterblich werden?

– Keine Angst, das ist nur der Hund von einem meiner sieben Kinder.

Über die Jahre kamen weitere Hunde dazu.

– Keine Angst, es ist nur der Hund von einem meiner vierzehn Enkelkinder.

– Sie haben auch Urenkel?

– Hab ich, guter Mann.

So mehrten sich die Hunde. Sie lachte verschmitzt und wurde im Laufe der Zeit immer jünger.

– Solange ich noch laufen kann, Herr Doktor …

– Sie werden es noch sehr lange können …

Inzwischen sind über zwanzig Jahre vergangen, und Frau »Hundemeier« läuft immer noch! Ich glaube, sie ist unsterblich geworden.

LILLY ODER EINE KLEINE BETTGESCHICHTE

Ich war immer nur ein Hundemensch bis zu dem Tag, als Lilly in mein Leben kam. Allerdings kam Lilly nicht, sie wurde gebracht – von der Polizei.

– Hallo, hier spricht die Polizei, wir stehen vor Ihrer verschlossenen Tür.

Laut tönte es über das Megafon mitten in der Nacht. Übermüdet von den letzten Einsätzen war ich auf der Notliege eingeschlafen. Ich torkelte zur Tür.

– Wir haben einen Notfall, und Sie hören das Telefon nicht!

Zwei ausgewachsene Gesetzeshüter standen vor der Tür, von Notfall keine Spur.

– Ist … der Patient im Wagen?

– Schnell, fassen Sie zu!

Einer der beiden streckte mir seine uniformierte Brust entgegen.

– Sie hat mich schon genug zerkratzt!

Unter seiner Polizeiweste lugte ein kleines Katzenschwänzchen hervor. Kurzerhand unterzog ich den Herrn Schutzmann einer Leibesvisitation und holte behutsam eine kleine schwarze Katze aus seiner Schutzweste.

– Wir haben sie in einer verlassenen Wohnung gefunden unter zwei verlassenen Bierflaschen.

Ich bat die nächtlichen Ruhestörer herein und untersuchte den kleinen Patienten gründlich. Dann ordnete ich folgende Therapie an: dreimal täglich Katzenfutter, zehnmal täglich Schmusen.

– Wir haben nur Polizeihunde und keine Polizeikatzen auf dem Revier.

Mir leuchtete ein, dass eine Mäusesuchkatze bei einer Spurensuchhundemeute keine Chance hätte. Also brachte ich das Kätzchen auf unsere Station. Nachdem ich es mit Futter, Wasser und einem Katzenklo versorgt hatte, begab ich mich zum Schlafen zurück in das Assistenzzimmer, ein Stockwerk höher.

Leider wurde es nur ein Sekundenschlaf, denn auf meiner Brust räkelte sich plötzlich ein kleines schwarzes Kätzchen mit weißem Brustfleck und schnurrte wie ein Säbelzahntiger. Vor mir lag noch ein langes Notdienstwochenende. Ein paar Stunden Schlaf sind hier überlebenswichtig! Drum packte ich die kleine Fellnase, brachte sie erneut in ihre Box und verschloss diese mit dem Riegel. Zusätzlich band ich die Tür mit einer Mullbinde zu. Ausbruchsicher – wie im Kölner Klingelpütz! Die beiden Polizisten hätten das auch nicht besser gekonnt.

Endlich versank ich im Tiefschlaf. Es wurde ein Dreißigminutenschlaf. Auf meiner Brust meldete sich ein kleines schwarzes Kätzchen mit weißem Brustfleck. Diesmal mit einem unglaublich beruhigenden Schnurren und Zurren. Wie ein 300-PS-Dieselmotor. Den hätte ich gerne unter der Haube meines Autos gehabt, nicht aber auf meiner Bettdecke. Ich tastete im Dunkeln nach dem Ausschaltknopf und stieß auf das Gaspedal. Aus Schnurren wurde Brummen. Behutsam nahm ich das kleine Kätzchen mit dem weißen Brustfleck von meiner »Tierarztbrust«, drehte mich zur Seite und drückte es sanft an meine »Vaterbrust«. Das Brummen hörte auf. Das Schnurren wurde sanft, und wir schliefen beide wie in Abrahams Schoß.

– Nehmen Sie jeden Patienten mit ins Bett, Herr Dr. Mauer?

Unerwartet stand mein Chef am Bett.

– Gut, dass Sie Tierarzt und nicht Humanmediziner geworden sind.

Die nächsten dreizehn Jahre hatte ich nun das Kätzchen nicht nur an der Brust, sondern auch am Hals. Ein Paradebeispiel, wie aus Sturheit Liebe wird.

JERRY DER EROBERER

Wollen Sie Ihre nachbarschaftlichen Beziehungen testen, schaffen Sie sich eine Katze an. Obwohl, angeschafft hatten wir Jerry nicht. Eher er uns. Er kam als schwer verletzter Findling in die Praxis und blieb. Seine tiefe Fleischwunde, die nahezu über seinen gesamten Oberschenkel verlief, rührte höchstwahrscheinlich von einem bösen Unfall. Eine Operation war unumgänglich. Wir entfernten die abgestorbene Haut und mussten dadurch Jerrys Oberschenkel liften. »Reiterhosen-OP«! Manch Düsseldorfer Dame weiß genau, wovon ich rede.

Durch die Operation verlor der Kater allerdings einen seiner wunderschönen Tigerstreifen, wodurch er problemlos von anderen getigerten Katzen zu unterscheiden war. Verloren hatte er aber nichts an Selbstbewusstsein. Im Gegenteil! Er stolzierte so hochnäsig durchs Leben, als wären sogar zwei Streifen zu seiner »Uniform« dazugekommen – vom Gefreiten zum Obergefreiten quasi.

In dieser Zeit trauerte meine Frau noch unserer verstorbenen Lilly nach und wollte von einem neuen Katzentier überhaupt nichts wissen. Als sie dann zu ihrer kranken Mutter reiste, beendete ich Jerrys Klinikaufenthalt und verschrieb ihm eine Reha. Schließlich wohnten wir in einem Luftkurort.

In der ersten Reha-Stunde flitzte er die schönste Palme in unserem Wintergarten hoch und entblätterte sie. Genauso schnell hatte ich jedoch die Blätter mit

Tesafilm wieder festgeklebt. Der amputierte Baum erholte sich so gut, dass meine Frau uns erst Monate später, anhand der in der Morgensonne glitzernden Klebestreifen, auf die Schliche kam.

In der zweiten Reha-Stunde versuchte Jerry dasselbe mit unserer großen Zeder im Garten. Diesmal blieben die Äste dran. Dran blieb auch Jerry, aber ganz oben im Wipfel. Leider hatte er sich den Weg nach unten nicht gemerkt – dafür kannte ich den Weg desto besser und kletterte los, den Kater wieder zu erden.

In der dritten Reha-Stunde erklomm er das rechte Bein des Reha-Leiters und enthaarte es radikal. Da die mit Tesastreifen festgeklebten Haare einfach nicht wieder anwachsen wollten, kehrte ich die Methode um und enthaarte aus ästhetischen Gründen auch das linke Bein. Weniger aus ästhetischen, mehr aus versicherungstechnischen Gründen beendete ich des Katers Reha und erklärte ihn für gesund und wieder arbeitsfähig. Ich attestierte ihm absolute Mäusefangtauglichkeit, im Innen- und Außendienst. Vor allem im Nachtdienst.

Jerry – ganz Mensch – lag faul in meiner Hängematte, genauso wie die Deutschen sich faul auf ihren Handtüchern räkeln, wenn »Malle«-Saison ist. Anscheinend wollte er noch ein paar Tage blau machen. Erst als ich mich weigerte, Mäuse für ihn zu fangen, begriff er den Ernst der Lage. Am nächsten Morgen war die Hängematte leer. Auch zwei Wochen später gab es noch keine Rückmeldung von ihm. Nicht mal eine Dankeskarte! Undankbare Patienten sind nichts Außergewöhnliches – auch für Tierärzte.

– Papa, Jerry wird da draußen im Wald verhungern!

– Jerry ist eine Wildkatze, der kommt im Wald bestens zurecht!

Die Haare auf meinen Beinen wuchsen gerade flaumartig nach.

– Aber Papa, die werden ihn so nicht akzeptieren. Ihm fehlt doch ein Streifen!

Da Töchter sowieso nie auf ihre Väter hören, klebte meine in der gegenüberliegenden Sparkasse Suchplakate an die Wand. Direkt neben gesuchten Terroristen und Bankräubern!

– Da hängt er richtig. Er hat bestimmt schon ein paar Vogelnester ausgeraubt!

Ganz heimlich machte ich mir auch etwas Sorgen um den Kerl.

Doch schon am nächsten Tag war die Suchaktion von Erfolg gekrönt.

– Hier Frau L. am Telefon. Ich glaube, Ihre Katze wohnt bei uns.

Die liebe Frau L. hatte untertrieben. Er wohnte nicht, er residierte. Das war keine Reha mehr, das war schon Wellness! Keine zwei Straßen von uns entfernt, in leichter Hanglage mit direktem Waldzugang, da lag der Kater im sonnigen Wohnzimmer und bräunte sein Fell. Er hatte die Hängematte gegen einen samtweichen Ohrensessel getauscht. Die Futternäpfe waren gut gefüllt. Er sah mich angewidert an, mit dem deprimierten Blick des Ausbrechers, der weiß, dass er wieder gefasst wurde. Als ich ihn in den mitgeschleppten Käfig verfrachtete, sah es auch mehr nach einer Verhaftung aus als nach einer fröhlichen Rückführung.

– Wie heißt er denn?

– Er heißt Jerry.

– Wir haben ihn Mister gerufen, er hat so etwas Majestätisches.

Aus Mister und Jerry wurde Mister Jerry. Schlau, wie der Kater war, trug er seinen Doppelnamen mit Fassung und hatte ab sofort ein doppeltes Zuhause. Mit der ganzen Familie L. verbindet uns bis heute eine besondere Freundschaft. Auch unsere beiden Hunde sind nicht dumm und gehen inzwischen genauso wie wir Zweibeiner dort ein und aus.

Jerry nahm seinen Job als Mäusefänger wieder sehr ernst. Dies tat er vor allem in den Gärten der Nachbarn. Unsere Mäuse schonte er als stille Reserve. Und da es mit den zwei Wohnsitzen so prima geklappt hatte, schickte er sich an, einen dritten zu finden. Alles ohne Makler!

Das Haus der Frau B. lag zwischen Wohnsitz eins und Wohnsitz zwei. Da war es naheliegend, es auch hier mit einer friedlichen Übernahme zu probieren. Herr und Frau B. hatten eine ihnen vor achtzehn Jahren zugelaufene Katze bis zu ihrem Tode gepflegt, obwohl Frau B. durch eine starke Katzenhaarallergie geplagt war. Sogar Medikamente hat sie deshalb lange Jahre eingenommen. Ausgerechnet bei ihr versuchte Jerry nun, seinen Hofstaat zu erweitern. Er umgarnte sie bei der Gartenarbeit und setzte sich in stiller Erwartung vor ihre Terrassentür. Die blieb aber aus besagten Gründen verschlossen.

Nur reizt bekanntlich das Verbotene am meisten. Der Kerl versuchte jetzt, mit seinen Jagdfähigkeiten zu imponieren. Um zu beweisen, was für ein toller Hecht er ist, holte er den schönsten Koikarpfen aus dem Teich. Natürlich vor den Augen der Teichbesitzer. Ausgerechnet der christlich getaufte, älteste, teuerste und heiß geliebte Sir Henry der Frau B. musste es sein. Da stand der Kater nun, sein Spiegelbild im klaren Teiche genießend, Sir Henry zwischen den Zähnen. Die Aktion ging gewaltig daneben! Frau und Herr B. tobten, und nicht vor Freude! Jerry blieb nichts anderes übrig, als den Karpfen schnell allein zu verspeisen. Dabei hätte er so gern mit den beiden geteilt – zumal Herr B. ein hervorragender Grillmeister ist.

Seitdem leben die teuren Fische unter einem Netz. Angeblich wegen des Fischreihers.

Jerry änderte die Taktik. Er begann, den Garten mitsamt dem Teich als eigenes Revier gegen Feinde nach außen zu markieren. Gleiches taten zu jener Zeit auch Ungarn und Österreicher an ihren jeweiligen Außengrenzen.

Den ersten Grenzpfahl pinkelte er in den weichen Boden des mediterranen Kräutergartens. Vorbei war es mit dem Lavendelduft. Katzenminze à la Jerry war angesagt. Statt Provence – Wüste Gobi! Meine Hilfsaktion mit Katze-Verpiss-dich-Spray und

Katze-Verpiss-dich-Strauch funktionierte nur mäßig. Der Kater fuhr jetzt schwereres Geschütz auf und begann, den mediterranen Garten zu düngen. Auf biologische Art – ohne chemische Zusatzstoffe.

Ich sah bald den Point of no Return unserer nachbarschaftlichen Beziehungen gekommen! Freilaufende Katzen haben immer mal wieder Gartenzwergrevolutionen bis hin zu Nachbarschaftskriegen vom Zaun gebrochen. Für viel weniger schon wurden Maschendrahtzaun und Stacheldraht gebaut. Doch was Russen und Ukrainern bis heute nicht gelungen ist, löste Familie B. mit der hohen Kunst der Diplomatie. Sie bauten auf dem mediterranen Boden einen schicken, neutralen Wintergarten. Nun steht Jerry davor und betrachtet die schönen Pflänzchen. Noch mehr gefällt ihm der kuschelige Schaukelstuhl des Herrn B.

Das Haus konnte Jerry nicht erobern, die Besitzer allemal. Immer wenn wir in den Urlaub fahren, beschäftigt er sie als mobilen Futter- und Pflegedienst in seinem Hauptdomizil.

In unserem letzten Urlaub geriet der Kater in eine missliche Lage. Als Herr B. Jerry aus dieser Situation befreite, dankte dieser es ihm mit einem heftigen Biss in seine Finger. Herr B. biss nicht zurück und klagte auch nicht auf Schmerzensgeld. Die Finger sind jetzt wieder intakt, genauso wie unsere nachbarschaftlichen Beziehungen.

DIE »VERHUNDSTE« FAMILIENPLANUNG

Es war im Wonnemonat Mai, wir hatten Vollmond, die Hormone sprudelten in Mensch und Tier. Sogar bei den Düsseldorfern! Und bei mir – natürlich schob ich mal wieder Nachtdienst. Ein sichtlich verliebtes Pärchen mit einem nicht sichtlich verliebten Hund betrat die Notfallklinik.

– Unser Pascha frisst seit Tagen nichts. Jede Nacht jault er, dass es einem das Herz zerreißt. Kann es sein, dass er mondsüchtig ist?

– Süchtig schon, aber nicht mondsüchtig, eher liebessüchtig. Haben Sie läufige Hündinnen in Ihrer Gegend?

– Ja schon, im Wohnblock nebenan. Da gibt es eine Hündin, Linda, die muss nachts auf dem Balkon schlafen, damit sie nicht die Wohnung einsaut.

– Noch ärmer dran ist Pascha, er kann Pheromone kilometerweit riechen. Sie müssen aufpassen, dass er nicht wie Romeo zu seiner Julia auf den Balkon klettert! In Bayern heißt das übrigens »fensterln«.

Die beiden verliebten Zweibeiner nickten verständnisvoll mit dem Kopf.

– Seit heute Abend kotzt er auch!

– Wahrscheinlich findet er Linda zum Kotzen, Schatzi.

– Eine läufige Hündin kann einen Rüden schon mal so aufregen, dass er sich übergeben muss. Bekanntlich geht die Liebe ja nicht nur durch den Magen, sondern schlägt auch auf denselben.

– Wir müssen aber noch etwas beichten, Herr Doktor. Unser Pascha hat vielleicht noch ein anderes Problem. Er hat heute Abend eine Packung Kondome verschluckt.

– Ja, das könnte eine Rolle spielen. Jeder unverdauliche Fremdkörper kann zu einem Darmverschluss führen.

Ich versuchte die Contenance zu wahren. Liegt der Aufnahmezeitpunkt eines Fremdkörpers weniger als ein bis zwei Stunden zurück, kann der Tierarzt dem Tier ein Medikament spritzen und damit ein künstliches Erbrechen herbeiführen. Oft lässt sich so ein operativer Eingriff verhindern. Ich verabreichte Pascha die besagte »Kotzspritze«, gab dem Besitzer Einmalhandschuhe, Nierenschale, einen Holzspatel und schickte die drei in den Hof.

– Bitte die Kondome zählen …

Verstohlen warf ich gelegentlich einen Blick durch das Fenster auf die gespenstische Szene. Zwei Erwachsene bei Vollmond auf den Knien mit dem Holzspatel im Gras wühlend und Verhüterli zählend. Eins und noch eins, und flopp und noch eins … Mit ihrem Smartphone leuchteten die beiden die Szene zusätzlich aus. Vielseitig ist so ein Gerät!

Pascha kotzte sich die Seele aus dem Leib und die Kondome mit dazu! Nach zwanzig Minuten erschien der junge Mann mit der Nierenschale. Wie ein 3-Sterne-Koch hatte er die Kondome in der Schale angerichtet. Es waren neun.

– Wie viele Kondome waren in der Packung?

– Zehn Stück …

– Dann fehlt ja noch eins!

Der junge Mann grinste.

– Familienplanung, nunja.

Ich machte die Rechnung fertig. Wahrscheinlich waren das die teuersten Verhüterli aller Zeiten.

– Nächstes Mal nehmen Sie die mit Zitronengeschmack, das mögen Hunde nicht.

MANCHMAL MUSS MAN SICH AM RIEMEN REISSEN

Herr Doktor, mein Hund frisst gerade meinen Hosenriemen, da hängt nur noch ein kleines Teil raus … jetzt ist das auch weg …

Und weg war auch die Telefonverbindung. Ich verbuchte es unter der Rubrik Böser Scherz und ging wieder an die Arbeit. Eine halbe Stunde später erschien der Anrufer mit seinem Dobermann in der Praxis.

– Das hätten Sie sehen müssen. Wie eine Schlange, ohne zu kauen, hat Bodo den Gürtel heruntergeschluckt.

Ich guckte auf den wohlbeleibten Herrn und dachte, ein Meter fünfzig werden es in diesem Fall wohl locker sein …

– War das ein Plastikriemen?

– Nein, ein richtig teurer Lederriemen. Der ist doch verdaulich … oder?

– Bei der guten Qualität würde das zu lange dauern. Der Darm kann sich am Gürtel aufreiben und durchscheuern. Aber wenn Bodo den Gürtel ohne Kauen heruntergeschluckt hat, kann er ihn auch ohne zu kauen wieder hochwürgen.

Ich verabreichte dem Hund eine »Kotzspritze« und schickte die beiden in den Hof. Zehn Minuten später kam der rechtmäßige Besitzer des Hosenriemens triumphierend mit dem Riemen zurück. Wir lobten den Hund, spülten den Gürtel sauber, trockneten ihn und führten ihn seiner Aufgabe als Hosenhalter zu.

– So, jetzt sitzt die Hose wieder besser!

– Sie meinen, sie hängt nicht mehr unter meinem Bauch?!

Nur Bodo war nicht zum Scherzen zumute. Er saß auf dem Behandlungstisch und begann erneut zu schmatzen und zu würgen. Das war nichts Außergewöhnliches, denn der zentral ausgelöste Brechreflex flaut nur langsam und stufenweise ab. Doch Bodo hatte noch was in Reserve. Ich glaubte zu halluzinieren und schaute unwillkürlich auf den Bauch des Besitzers. Der Gürtel lag stramm um seinen Bauch. Bodo würgte unbeirrt, und bald lag auf dem Tisch ein zweiter Hosenriemen, von guter Qualität, echtes Leder, halb so lang wie der erste. Der musste noch aus dem letzten Jahrzehnt sein, so schnell nimmt man so sehr ja nicht zu. Bodo war etwas blass um die Nase. Richtig blass war jetzt sein Besitzer.

– Das ist nicht mein Gürtel. Das ist der von meinem Chef. Ich habe ihn selbst gekauft. Im Namen der Belegschaft, zu seinem Fünfzigsten. In der Hoffnung, dass er sich damit aufhängt, hatte ich eine besonders gute Qualität ausgesucht.

– Wahrscheinlich haben Sie Bodo einmal mit zur Arbeit genommen?

– Nie! Aber mein Chef war nie bei uns zu Hause – oder …

Die Blässe seines Gesichts hatte sich in ein kräftiges Rot verwandelt. Er schnappte das Corpus Delicti vom Tisch.

– Komm Bodo, wir haben was zu regeln!

Er verließ die Praxis, ohne zu bezahlen. Ehe er meine Rechnung beglich, musste er erst mal die mit seinem Chef begleichen.

MEIN HUND HAT ES AM FÖTTCHEN

Wanderer, kommst du ins Rheinland, findest du dort ein lustiges, offenherziges und weltoffenes Völkchen vor. Es dauert keine fünf Minuten, bis du bei einem Kölsch einen Kölschen oder eine Kölsche findest.

Als ich von Niederbayern ins Rheinland zog, fühlte ich mich im wahrsten Sinne des Wortes zu Hause. Ich lebte in der Heimat meiner Ahnen, die im zwölften Jahrhundert aus der Rhein-Mosel-Gegend mit dem Ochsenwagen nach Siebenbürgen eingewandert waren. Wir verstanden uns auf Anhieb, die Rheinländer und ich, so als sei ich keine achthundert Jahre weg gewesen. Dennoch, ein paar kleine Missverständnisse blieben nicht aus.

Eines Tages betrat eine besonders feine kölsche Dame mit einem besonders feinen kölschen Hündchen im Arm das Behandlungszimmer.

– Was haben wir denn für Sorgen?

– Ich han kein Sorje, ävver dä Hungk.

– Wo hat er denn sein Wehwehchen?

– Am Föttchen, Herr Dokter.

– Kann er denn laufen?

– Sischer dat!

– Dann promenieren Sie mal durch das Behandlungszimmer.

Mein geschultes Tierarztauge erkannte sofort, dass der Hund einen weniger herrischen Gang auf das Parkett legte als sein Frauchen. Lahmheit ließ sich nicht feststellen. Jeder Tierarzt weiß, dass ein Yorkshire

Terrier, der im Allgemeinen als Schoßhündchen bekannt ist, Probleme mit der Kniescheibe haben kann. Kniescheibenspringen, so der Volksmund, Patellaluxation, so das Lehrbuch.

– Ich meine, es ist hinten.

– Sischer dat, wo dann süns. Hä leck sich immer am Föttchen.

Ich hob den Patienten auf den Behandlungstisch und untersuchte gründlich beide Hinterläufe. Die Pfötchen waren ohne besonderen Befund, die Kniescheiben locker, sprangen aber nicht.

– Die Kniescheiben machen Probleme.

– Worüm leck hä sich denn dann am Föttchen?

– Das kann ausstrahlen bis ins Pfötchen.

– Worüm stink dä dann su noh Fisch us dem Föttche?

Bei dem Wort Fisch fiel es mir wie Schuppen von den Augen. Der Hund hatte eine Analdrüsenentzündung, nur die stinkt so fischig. Diagnostik auf Umwegen. »Föttchen« … in Bayern hieß das unmissverständlich: »Oarsch«.

MEIN HUND HAT KEINE FLÖHE ODER DER FLOH SPALTET DEUTSCHLAND

Wollen Sie die politische Gesinnung eines deutschen Tierbesitzers herausfinden? Dann brauchen Sie weder Wikileaks noch NSA noch Cookies! Sagen Sie einfach: Ihr Hund hat Flöhe! Der liberale Klient wird sich damit abfinden und Sie ruhig nach einer adäquaten Therapie fragen. Der Radikale verlangt sofort nach tiefgreifenden Maßnahmen, und dem Grünen sind selbst die Flöhe grün.

Der Befund »Ihr Hund hat Flöhe« eignet sich als Ehrlichkeitstest. Die eine Hälfte der Besitzer wird sagen: »Ich hab es mir fast gedacht«, die andere: »Mein Hund hat keine Flöhe!«

Auch die Temperamente der Menschen lassen sich präzise bestimmen. Der Sanguiniker wird hektisch, der Choleriker kratzt sich sofort selbst, den Phlegmatiker juckt es eh nicht, und der Melancholiker prüft, ob die Leine sein Gewicht halten würde.

Der Floh spaltet die Deutschen. Deutsche Sauberkeit und Vernichtung der Flohpopulation oder Deutscher Artenschutz mit freilaufenden Flöhen? Das ist hier die Frage!

Dazwischen wankt der Chemiekonzern. Er will ein Mittel vertreiben, dass seiner Effektivität wegen gern gekauft wird, aber es darf nicht so effektiv sein, dass es die Population entscheidend zurücktreibt. Das Geschäft muss erhalten bleiben, so bilden Tierchen und Chemiekonzern eine seltsame Symbiose.

Der Hund, die Katze, der Mensch – die eigentlich Leidtragenden haben dagegen keine Lobby.

– Mein Hund hat keine Flöhe, Herr Mauer!

– Wissen Sie denn, wie Flöhe ausschauen?

– Nein!

– Dann können Sie es auch nicht ausschließen.

– Und ob ich das kann. Mein Struppi wird regelmäßig gebadet und geföhnt. Meine Wohnung ist tipptopp sauber.

– Es muss auch nicht unbedingt wie bei Hempels unterm Sofa aussehen, damit Flöhe sich vermehren. Ein paar Ritzen und Fugen reichen für ein Schäferstündchen.

– Wir haben keine Fliesen und Fugen! Nur Teppichboden.

– Noch schlimmer! Ein Teppichboden ist sehr kuschelig für Flöhe und regt den Vermehrungstrieb an. In den Hochflor-Teppichen können sie sogar Seilchen springen.

Ich machte den Feucht-Weiß-Blatt-Papier-Test und konnte eindeutig Flohkot nachweisen!

– Das können doch nur Erd- oder Grasflöhe sein. In meinem Haus gibt es keine richtigen Flöhe.

– Da sich auf Struppi selbst nur circa fünf Prozent der Flöhe befinden, kann ich nicht so einfach einen Floh live erwischen.

– Und wo sind die anderen fünfundneunzig Prozent?

– In der Umgebung des Hundes. In seinem Körbchen, auf dem Sofa und im Ehebett. Meistens kommen sie nachts zum Saugen.

– Mein Hund hat im Bett nichts zu suchen. Unsere Betten sind hygienisch sauber.

– Gut, am besten können Sie auf dem schneeweißen Laken nach den ungebetenen Gästen Ausschau halten. Vorsorglich empfehle ich Ihnen aber ein Antiflohmittel.

– Ich möchte meinen Struppi nicht unnötig mit Chemikalien belasten. Lieber stelle ich eine Flohfalle auf. Kennen Sie das? Man nimmt einen Teller, stellt in die Mitte eine Kerze, füllt dann Wasser in den Teller und wartet.

– Was machen Sie denn, wenn die Flöhe das »Seepferdchen« absolviert haben?

– Sie scherzen, Herr Doktor. Ich versuche es lieber mit Knoblauch.

– Vom Knoblauch bleiben die Flöhe vital und gesund.

Ich zeigte der Besitzerin einen Floh, den ich für solche Härtefälle im Reagenzglas aufbewahre.

– Danach müssen Sie Ausschau halten, aber Sie werden es eher spüren als sehen.

– Wieso spüren?

Eine Woche später erschien Struppis Frauchen wieder in der Praxis. Übersät von Hunderten roter Punkte an Unterschenkeln und Unterarmen. Weitere Bereiche waren nicht einsehbar. Es handelte sich um die typisch radial nebeneinander liegenden Flohstiche. Der Beißer hatte ganze Arbeit geleistet. Neben der Hauptbohrung noch kleinere Probebohrungen gesetzt.

– Expertenarbeit, kann ich nur sagen!

– Es könnten aber auch bloß Stechmücken gewesen sein!

– Dann wohl ein ganzer Schwarm! Vielleicht auch Vampire …

– Ich glaube, ich nehme dann doch ein Antiflohmittel! Für alle Fälle!

Natürlich, für alle Felle.

MEIN SCHOKO HAT SCHOKOLADE GEFRESSEN

Was hat Köln, das Düsseldorf nicht hat? Natürlich den Dom! Hat Düsseldorf nicht auch eine große Kirche?

Nein – es ist nicht der Dom, der den Unterschied zwischen den beiden Weltstädten am großen Strom ausmacht. Es ist schlicht das Schokoladenmuseum!

»Was zeige ich meinen niederbayerischen Freunden während ihres Köln-Besuchs?« Die Antwort lautet: den Dom, das kunsthistorische Museum und unbedingt das Schokoladenmuseum.

»Was zeige ich meinen ostfriesischen Freunden während ihres Köln-Besuches?« Die Antwort lautet: den Dom, das kunsthistorische Museum und unbedingt das Schokoladenmuseum.

Natürlich zeige ich meinen asiatischen Freunden nicht »Lee's Garden« und den Asia-Grill, sondern das Schokoladenmuseum.

Wieso landen die meisten Bildungsreisenden statt im kunsthistorischen Museum letztlich im Schokoladenmuseum? Geht die Kunst etwa auch durch den Magen? Sind Schokosteine bekömmlicher als Römersteine?

Schon das Gebäude des Schokoladenmuseums ist architektonisch einmalig. Ein Museum in Dampferform, trotzig im Rhein stehend. Bereit, die veredelte Bohne in die weite Welt hinauszutragen. Aus Colonia zurück zu den Colonien. Gewinnbringend versteht sich! Von der Kakaobohne zur Toblerone. Auch das ist ein Stück Weltgeschichte.

Zudem, Schokolade ist bezahlbare Kunst! Nicht so ein Gerhard Richter. Für ein Bild von ihm muss man locker fünfunddreißig Millionen Euro auf den Tisch legen. Dafür könnte man 3,5 Millionen Kilogramm Schokolade kaufen. Die könnte ausreichen, den Dom samt Platte zu übergießen. Dann gingen auch Ungläubige wieder hin. Das Bistum wäre saniert!

Und nicht zuletzt macht Schokolade glücklich. Das dachte sich zu Ostern wohl auch der schwarzbraune Labrador namens Schoko. Nomen est omen! Im Notdienst zu später Stunde erreichte mich ein besorgter Anruf.

– Mein Schoko hat Schokolade gefressen! Ist das schlimm, Herr Doktor?

– Das kommt auf die Art der Schokolade und die Menge an.

– Das waren fünf Schokoladenosterhasen. Wahrscheinlich hat er sie wegen der Form gefressen. Die Schokoladeneier hat er nicht angerührt.

– Das glaube ich nicht! Letzten Herbst hatten wir einen Dackel hier, der hatte fünf Nikoläuse gefressen!

– Was mache ich jetzt bloß? Kann Schoko daran sterben?

Schokolade enthält Theobromin, das für den Hund und die Katze giftig ist. Die einfache Regel: Je höher der Kakaoanteil, desto giftiger ist es.

– War das teure oder billige Schokolade?

– Ich kaufe keine billigen Sachen! Nur hochwertige! Sie war aus dem Feinkostladen und nicht vom Aldi.

Die meisten Leute scheuen sich zuzugeben, dass sie beim Discounter einkaufen.

– Auch Aldi führt hochwertige Schokolade. Es kommt nur auf den Kakaogehalt an. Je höher, desto teurer ist die Schokolade.

– Sie war teuer!

– Eine normale Milchschokolade wäre vergleichsweise harmlos. Wann hat er die Osterhasen gefressen?

– Vor circa zwanzig Minuten!

– Dann kommen Sie bitte rasch in die Praxis.

Ein Blaulichtwagen wäre nicht schneller gewesen. Als Frauchen mit Schoko die Praxis betrat, zitterte der Hund leicht. War es die Angst vor mir, oder war die Schokolade Ursache?

– Wenn der Kakaogehalt bei circa 70 Prozent oder darüber liegt, kann es gefährlich werden.

– Es war die teure, Herr Doktor.

– Dann muss ich Schoko eine »Kotzspritze« geben.

Ich spritzte das Medikament. Keine zwei Minuten später erblickten die Osterhasen wieder das Tageslicht, allerdings in verändertem Aggregatzustand: flüssig statt fest! An der hellbraunen Farbe ließ sich erkennen, dass wir es mit billiger Milchschokolade zu tun hatten. Zuletzt kamen auch die Hasenhüllen zum Vorschein, garniert mit den roten Aktionspreisschildchen.

– Schoko war schlau, er hat die weniger giftige Variante gewählt! Vielleicht war ihm die teure auch zu bitter!

Bitter schaute auch Frauchen, als sie die Rechnung sah, zartbitter!

MEINE KATZE HAT GRAS GEFRESSEN ODER WENN DER TIERARZT SCHWER VON BEGRIFF IST

Ein junger Mann mit leicht extrovertiertem Verhalten betrat das Behandlungszimmer. Er lallte beträchtlich.

– Doc, meine Kaaatze hat Gras gefresssn.

– Kotzt sie auch?

– Jepp …

Ich vermutete einen starken Restalkohol vom Vorabend beim jungen Mann. Wir hatten schließlich grad Karneval in Kölle. Gründlich untersuchte ich die Perserkatze. Langhaarkatzen bekommen oft Katzengras zu fressen, damit sie ihre Haarballen erbrechen. Dabei kommt es vor, dass sich ein Grashalm im Bereich des Kehlkopfes oder hinter dem Gaumensegel festsetzt, was einen wiederholten Brechreiz zur Folge hat. Schon die alten Römer kannten diesen Trick. Nach einer ausgiebigen Völlerei kitzelten sie sich mit einer Gänsefeder im Hals, um alles auszukotzen. Anschließend hauten sie sich genussvoll den Magen wieder voll.

Ich tastete den Kehlkopf ab. Sitzt ein Grashalm dort, ist der Husten- und Schluckreflex verstärkt. Der Kater zeigte keine Symptome. Allerdings taumelte er leicht und hatte abnorm große Pupillen.

– Das sieht nicht nach Gras aus, ich vermute eher eine Intoxikation.

– Eine was? Was ist eine Intoxiiiliiition? Is dasss was Schlimmses? Muss er sterbn?

– Ich meine eine Vergiftung. Es ist immer eine Frage der Substanz und der Dosis.

– Hoffentlisch keine Überdosis, Doc!

Er begann zu weinen.

– Könnte es denn sein, dass der Kater was Giftiges aufgenommen hat?

– Nö, er hat nur Gras gefressn.

In diesem Moment versetzte meine Assistentin mir unter dem Tisch einen dezenten Fußtritt.

– Der Hund auf Station muss dringend an die Infusion, bitte kommen Sie schnell.

Da wir zu dieser Zeit keinen Hund auf Station hatten, verstand ich den Wink mit dem Zaunpfahl und folgte ihr. Als wir allein waren, konnte sie nicht mehr an sich halten und brachte vor lauter Lachen zunächst kein Wort heraus.

– Haben Sie noch nie gekifft, Herr Doktor? Mit Gras meint der junge Mann einen Joint, Marihuana! Die weiten Pupillen hätten Sie schon erkennen können. Und der Kater riecht auch nicht unbedingt nach Wiesengras.

Jetzt weiteten sich auch meine Pupillen, vor Staunen natürlich, und ich versuchte verlegen ein adäquates Fremdwort einzubringen.

– Mit anderen Worten, der Carlo ist »high«!

– Auf einem Trip!

– Ob er jetzt weiße Mäuse auf rosa Wolken sieht?

Sobald wir unser Lachen wieder im Griff hatten, kehrten wir ins Behandlungszimmer zurück.

Kater Karlo fauchte und brummte, als verfolge ihn eine Meute Hunde. Von Verfolgungswahn schien auch der Besitzer betroffen zu sein. Er weinte! Wir trösteten den armen Tropf und legten das Kätzchen an den Tropf. Am nächsten Tag war der Kater wieder nüchtern! Selbiges hoffe ich auch für den Besitzer.

Ich war um eine Erfahrung reicher. Es reicht nicht, wenn man Kölsch versteht, man muss auch Haschisch verstehen.

MEINE KATZE IST SO DROLLIG ODER DIE KULTURBANAUSEN

Was der Wonnemonat Mai für die Zweibeiner ist, ist der März für die Katzen. Daher gibt es acht Wochen später all die vielen Maikätzchen.

– Meine Katze ist so drollig.

– Das ist schön, aber deshalb rufen Sie doch sicher nicht an.

– Das ist überhaupt nicht schön! Sie ist so drollig, dass sie uns alle verrückt macht mit ihrem Geschrei.

– Ach so, dann ist Ihre Katze aber rollig und nicht drollig.

– Ob rollig oder drollig, ist mir doch egal. Hauptsache, Sie können was tun, damit das furchtbare Geschrei aufhört. Die Nachbarn wollten schon die Polizei rufen, weil wir angeblich unsere Katze misshandeln.

– Ihre Katze braucht entweder einen Kater oder eine Kastration.

– Dann Kastration. Kann ich Kleopatra gleich vorbeibringen?

– Da müssen Sie mindestens drei Tage warten, weil in der Hochrolligkeitsphase die Eierstöcke zu stark durchblutet sind.

Zwei Tage später erschien die geplagte Frau mit der liebestollen Katze in der Praxis, beide mit dunklen Ringen unter den Augen.

– Herr Mauer, ich habe all die Nächte nicht geschlafen, mein Mann ist zu seiner Mutter gezogen, und die

Nachbarn wollen mich lynchen. Wenn Sie die Eierstöcke nicht rausschneiden können, dann tun Sie das mit Kleopatras Stimmbändern!

Das hormonell geplagte Tierchen rollte auf dem Behandlungstisch hin und her und streckte uns sein Hinterteil entgegen. Mit ihren fünf Monaten war die Katze etwas frühreif. Es war aber weder zu übersehen noch zu überhören, dass das Tier im Tier erwacht war. Wir entschlossen uns, den beiden Gepeinigten zu helfen.

Kleo bekam eine Narkose und wurde kastriert. Um den Nachschlaf zu kontrollieren, behielten wir sie noch bis zum Nachmittag auf Station. Eine Stunde später kam meine Assistentin aufgeregt ins Sprechzimmer.

– Die Katze schreit wieder.

– Unmöglich! Sie sollte mindestens noch zwei Stunden schlafen.

Jetzt hörte ich auch die sehr hohen Töne. Schnell eilte ich zu ihr, aber die Katze schlief seelenruhig. Kein Laut. Kaum war ich zurückgekehrt, hörte ich wieder die hohen Töne. Also wieder hin. Diese Prozedur zwischen den Sprechzimmern und der Station wiederholte sich mehrfach. Schließlich bat ich meine Helferin, auf

Station zu bleiben und der Situation auf den Grund zu gehen. Fünf Minuten später stürzte sie mit hochrotem Kopf ins Behandlungszimmer.

– Die hohen Töne, das Geschrei … kommt nicht von der Katze und auch nicht vom Hund. Das Geschrei kommt aus der Mietwohnung über uns.

Jetzt hörte ich es auch. Es war nicht das amouröse Gestöhn einer rolligen Katze, sondern das einer rolligen Dame. In der Wohnung über unserer Station wohnte ein feuriger Südländer, Musiker von Beruf. Er erteilte klassischen Klavierunterricht und anscheinend schien er auch auf anderen Klaviaturen zu spielen. Auf Vivaldi folgte Wie-im-Betti.

Ich versuchte, die Musikerehre zu retten.

– Meine Frau gibt auch solche Töne von sich.

– Aber, aber Herr Doktor, das war ein bisschen mehr Information, als ich haben wollte.

– Doch, meine Frau ist Operettensängerin und diese »Aahhs« und »Oohhs« gehören zum stimmlichen Aufwärmprogramm. Vielleicht üben sie die »Zauberflöte« ein, aber wir Kulturbanausen denken immer gleich an das Schönste.

NICHT ÜBERS KRÖNCHEN ODER DES PUDELS KERN

Was unterscheidet einen Düsseldorfer von einem Kölner?

Alles – sagen die Düsseldorfer!

Alles – sagen die Kölner!

Die Wahrheit liegt natürlich dazwischen. Der neutrale Beobachter kann die feinen Nuancen ausmachen.

Bezüglich der Sprache – die Düsseldorfer sprechen »Hellauisch«, die Kölner »Alaafisch«.

Bezüglich der Lebensphilosophie – der Kölner lebt nach dem Motto »Et kütt, wie et kütt«, der Düsseldorfer: »Et kütt, wie man et mäht«.

Bezüglich der Gastfreundschaft – der Kölner singt »Drink doch ene mit«, der Düsseldorfer: »Bezahl doch ene mit«.

Bezüglich der Trinkkultur – der Kölner trinkt sein Kölsch, der Düsseldorfer sein Alt-Gebräu.

Selbst die Hundehalter kann man unterscheiden. Der Düsseldorfer packt das Hundehäufchen vom Gehweg zunächst in ein Taschentuch und dann in die Gucci-Tasche. Der Kölner packt es direkt in die Aldi-Tüte. Der Düsseldorfer trägt seinen Yorki auf dem Arm, der Kölner lässt ihn mit bläcken Fööss laufen. Einen kölschen Pudel darf man einfach streicheln. Nicht so einfach ist das bei einem düsseldorfschen.

Eine resolute Dame empörte sich.

– Nicht übers Krönchen!

Diese drei Worte, gesprochen in scharfer Tonlage, verursachten meinen ersten Karriereknick. Hatte ich es in meiner steilen Laufbahn zum Vollassistenten gebracht, stand ich nun als Vollidiot da. Was war passiert? Ich hatte gewagt, einem Pudel über sein frisch frisiertes Haupthaar zu streicheln! So ein Pech – das Tier kam aus Düsseldorf.

– Sie haben doch ein vollwertiges Studium, hoffe ich. Hat man Ihnen da nicht beigebracht, dass man einem Pudel nicht über das Krönchen streicheln darf? Sie zerstören sein ganzes Aus- und Ansehen.

– Ich habe in Bayern studiert. Da gibt es fast nur Dackel. Die darf man streicheln, von vorne nach hinten und von hinten nach vorne. Sogar über das Dackelbärtchen.

Ich hoffte, dass sich diese Tatsache strafmildernd auswirken würde.

– Von wegen nur Dackel, mein Adonis kommt aus München, und er trägt sein Krönchen noch stolzer als der Bayer seinen Gamsbart am Hut.

Nun stand ich noch blöder da, oder vornehm ausgedrückt: Die Rhetorik verließ mich. Dabei hatte alles so gut begonnen. Adonis genoss eine gründliche Untersuchung, leichter Hand setzte ich die Impfung, und mit ebenso leichter Hand, allerdings auch leichten Sinnes streichelte ich ihn über das Krönchen. Einerseits tat ich das zur Belohnung, weil sich das Pudelchen so brav verhalten, andererseits aus Mitgefühl, weil der arme Hund eine so hässliche Pomade hatte.

– Ich werde mich persönlich dafür einsetzen, dass das Krönchen als anatomische Tabuzone in die Unilehrprogramme aufgenommen wird.

Ein Hauch von Güte überflog Frauchens Gesicht.

– Wo streicheln Sie denn Ihren Hund?

– Unterm Bäuchlein, da mag er es am liebsten, und man kann nichts kaputt machen!

– Da sollten Sie aber lieber Handschuhe anziehen, denn Adonis hat eine adonishafte Vorhautentzündung.

Der leichte Hauch von Güte schwand aus ihrem Gesicht. Wortlos begab sie sich zur Tür. Unbelehrbar blieb ich zurück. Des Pudels Kern liegt im Krönchen? Ob Goethe das wusste, als er den »Faust« schrieb?

PRINZESS ODER DER VERSCHWUNDENE DIAMANT

Das Nachtvolk, das die Tierklinik in der Regel aufsuchte, war eine bunte Mischung von A wie Advokat bis Z wie Zuhälter. Diesmal saßen im Wartezimmer eine mehr als gut geschminkte Dame, ein mehr als gut bemuskelter Mann und ein mehr als gut genährter Hund. Die beiden Zweibeiner brüllten sich an, der Vierbeiner schwieg geniert.

– Was haben Sie denn für Sorgen?

– Was heißt hier Sorgen, eine Katastrophe ist das. Prinzess hat einen Diamanten verschluckt, zwölf Karat!

– So ein Diamant schneidet ja fast alles, einen Hundedarm allemal!

Frauchen begann zu schluchzen, Herrchen zu schnaufen. Sie litt mit dem Hund, er mit dem Diamanten. Prinzess litt mit dem Tierarzt.

– Ich möchte, dass Sie den Diamanten sofort herausoperieren, bevor die Magensäure ihn zersetzt!

– Einem echten Diamanten kann die Magensäure nichts anhaben, aber der Diamant dem Hund schon. Wir müssen sofort röntgen.

Damals gab es noch kein schnelles, digitales Röntgen, man musste bei Rotlicht in die Dunkelkammer. Die Spannung wuchs. Ich fixierte die halbnasse Röntgenaufnahme auf dem Bildbetrachter und ließ mir Zeit beim Betrachten.

– Wo sitzt er denn, wo, wo …

– Wo er sitzt, kann ich Ihnen leider nicht sagen!

– Sie sind doch Arzt, oder?

– Ich bin Arzt, aber kein Hellseher. Der Diamant sitzt irgendwo außerhalb des Hundes, wo, weiß nur der Hund.

Klatsch, klatsch, schallte es im Halbdunkel der Rotlichtkammer.

– Schlampe!!! Hast den teuren Ring verkauft und mich angelogen!

– Benehmen Sie sich, das hier ist mein Rotlichtmilieu, nicht Ihres. Es könnte doch sein, dass der Diamant auf natürlichem Wege Prinzess verlassen hat, vorne raus oder hinten raus …

– Wo hat sie gekotzt? Wo hat sie geschissen? Komm, lass uns suchen.

Er tobte, sie blieb gelassen!

– Schatz, ich war die ganz große Runde im Wald, du sagst doch immer, Prinzess sei zu fett und brauche Bewegung.

Ein Hauch von Triumph lag in ihrem Blick.

Jetzt ist er wieder da, wo er herkommt, in der Erde. Quasi wieder ein Rohdiamant, dachte ich bei mir, traute mich aber nicht, es auszusprechen. Denn der Mann war wirklich mehr als gut bemuskelt!

ROTTWEILER SAMSON – NOCH EINE KOTZBROCKENGESCHICHTE

Meine »Kotzspritze«, medizinisch vornehm Emeticum genannt, hat im Lauf der Jahre viele Fremdkörper ans Tageslicht befördert: Steine, Haargummis, Ohrringe, Eheringe, Strumpfhosen, Unterhosen, Socken, Bälle, Nägel, Badeschwämme, Kunstblumen, Minikakteen, Münzen, Schnuller, Kondome und anderes mehr. Manchmal kamen auch Sachen zum Vorschein, die besser im Dunkeln geblieben wären.

Ein Ehepaar um die vierzig stellte mir einen Hund vor, der nicht mehr fressen wollte.

– Wir glauben, unser Samson hat es am Magen.

Samson war ein kräftiger Rottweiler mit kräftigem Gebiss und bis vor kurzem auch kräftigem Appetit. Da die Routineuntersuchung ohne besonderen Befund blieb, fertigten wir eine Röntgenaufnahme an. Darauf war deutlich ein merkwürdig gebogenes Metallteil zu erkennen. Wir schlugen den Besitzern eine Operation mit Öffnung des Magens vor, da uns der Fremdkörper zu sperrig vorkam. Aus Kostengründen entschieden die Besitzer sich aber für die »Kotzspritze«.

– Im Internet steht, dass man mit einer »Kotzspritze« einen Fremdkörper schnell wieder aus dem Magen bekommt.

– Das schnelle Internet hat immer schnelle Lösungen parat, leider sind es nicht immer auch die besten.

Da der Fremdkörper keine scharfen Kanten zu haben schien, gingen wir den zweitbesten Weg und brachten Samson zum Kotzen. Nun konnten wir nur noch hoffen, dass der Fremdkörper sich nicht in der Speiseröhre verkeilte. Samson schmatzte, sein Bauch bewegte sich auf und ab wie ein Blasebalg, und er spuckte wie ein Feuerdrachen. Eine undefinierbare rote Masse wurde hochgewürgt. Im ersten Augenblick dachten wir, es müsse sich um Blut handeln. Aber bald entpuppte sich der Fremdkörper als ein blutroter BH mit Spitzen. Blutleer im Gesicht war nun der verdatterte Ehemann.

– Schatz, das ist doch der, den ich dir letztes Weihnachten geschenkt habe …

– Nein Schatzi, ist er nicht. Meine Körbchengröße ist zwei Nummern kleiner, und ich trage keine BHs mit Metallbügel! Aber jetzt weiß ich, warum du in letzter Zeit so gerne und ausgiebig mit dem Hund spazieren gehst.

Es war paradox. Fremdkörper in Tiermägen sind den Besitzern selten fremd. Ich versuchte es mit Diplomatie.

– Was heutzutage alles so im Wald herumliegt! Wir haben unlängst auch einen Hosenriemen zutage befördert.

– Da hörst du es. Der Doktor muss es wissen, das kommt öfter vor.

Die Augen der Frau blitzten, ihr Tonfall glich dem Fauchen einer Katze.

– Ist schon klar … könnte so sein!

Ich tat mich schwer als Eheschlichter. Leichter tat sich Samson. Er leckte beiden Streithähnen die Hände ab. Mich betrachtete er eher, als habe er mich zum Kotzen gern. Ob der Sache mit dem BH noch ein Nachspiel folgte, kann ich nicht sagen. Schon wieder hatten wir mit einem Fremdkörper einen Fremdgänger ans Tageslicht befördert.

Die Wahrheit kommt ja doch ans Licht. Und wenn sie erst der Hund erbricht.

SIR KASIMIR KASIMIROW

Kasimir war alles zugleich: intelligent wie eine Katze, gelehrig wie ein Hund und schnell beleidigt wie ein Mensch. Als ich ihn das erste Mal sah, lag er verletzt unter einer Kellertreppe. Das eine Auge war nach einem Katzenschnupfen in jungen Jahren fast erblindet, das andere akut blutunterlaufen. Trotz seines erbärmlichen Zustands strahlte er eine gewisse Würde aus. Die Würde eines englischen Lords und eines russischen Zaren zugleich, gemischt mit einer Prise Seeräubertum. Er benahm sich wie emigrierter russischer Adel, auch wenn er nur von den Nachbarn zu meinen allerbesten Freunden emigrierte. Kasimir war etwas Besonderes! Und das wusste er ganz genau!

Besonders war auch sein Frauchen. Typ verhinderte Tierärztin, medizinisch bestens ausgebildeter Laie, eine Art personifiziertes medizinisches »Urgoogle«. Als Autodidaktin beherrschte sie das Fachlatein aus dem Effeff und hatte alle neuesten Publikationen gelesen. Auch vor randomisierten Doppelblindstudien machte sie nicht halt.

Kasimir hatte im Laufe seines Lebens viele Krankheiten: Otitis, Rhinitis, Nephritis, Diabetes, Hyperthyreose, Arthrose, Herzinsuffizienz. Er war ein Patient, von dem ein Tierarzt gut lebte – aber auch der lebende Beweis, dass man trotz zahlloser Krankheiten sehr alt werden konnte. Natürlich nur als Privatpatient! Er beschäftigte mich als Haus- und Leibarzt, und er hatte für jede Fachrichtung noch mindestens drei Spezialisten. Waren die mit ihrem Latein am Ende, wurden alle Unipäpste bemüht, und ich bin mir sicher, sein Frauchen hätte sogar den Papst aus Rom ans Krankenkörbchen geholt.

Kasimir kann als bester Beweis gelten, dass Medizin nicht schadet. Er wurde dem Heer seiner Tierärzte zum Trotz zwanzig Jahre alt, ohne je der Lebensfreude verlustig gegangen zu sein. Das hohe Alter hatte er nicht den Tierärzten zu verdanken, sondern Frauchen. Sie vereinte Internistin, Diätassistentin, Physiotherapeutin und Katzenpsychologin in einer Person.

Kasimirs Speiseplan glich dem Menü eines 3-Sterne-Spitzenkochs. Da wurden Biolammkottelet und Biotartar vom Biometzger gereicht, garniert mit Spitzen von Biokatzengras. Die Kottelets beim Discounter mundeten Kasimir nicht, so bekam sie Herrchen zu essen. Ja, Kasimir hatte auch ein Herrchen. Ein geduldiges. Das in den zwanzig Jahren viel mitmachen musste. In der Gunst von Frauchen beständig an zweiter Stelle, war es für die technische Sicherheit des Katers zuständig, baute, als das Tier in die Jahre kam, Katzentreppen und Katzenleitern sowie eine Katzensonnenbank für den Winter, damit Kasimir auch in der kalten Jahreszeit ein warmes Plätzchen auf der Terrasse hatte. Isoliertes Lammfell unten, Rotlicht oben.

Mir gegenüber war Kasimir manchmal etwas reserviert. Hatte ich doch allzu oft sein blaues Blut anzapfen müssen. Auch später, als ich längst ein Duzfreund der Besitzerin war, siezte er mich weiter. Nur einmal kamen wir uns etwas näher.

Kasimirs Familie hatte uns zum Grillen eingeladen. Die Lammfilets dufteten, und der Geschmack hielt, was der Duft versprach. Da spürte ich an meiner rechten Wade ein zärtliches Streicheln. Verliebt sah ich zu meiner Frau hinüber. Sie war in ein Gespräch mit der Hausherrin vertieft und machte nicht den Eindruck, die Quelle zarter Berührungen zu sein.

Ich holte mir das nächste Filet. Prompt – da war es wieder! Das empfindsame Streicheln an meiner rechten Wade. Diesmal etwas fordernder. Leicht errötend warf ich einen Blick unter den Tisch. Mit samtweicher Pfote gab mir Kasimir zu verstehen, dass ich ihm sein Biolammfilet zu überantworten habe. Überwältigt von seiner Zärtlichkeit teilte ich das Stück brüderlich und war froh, dass er beim Wink mit dem Zaunpfahl nicht die Krallen benutzt hatte.

Das mit den Biolammfilets und dem Biotartar musste sich im ganzen Tierreich herumgesprochen haben. Der Kater hatte sein eigenes Bio-Tischleindeckdich auf der Terrasse. Nur wurde, was darauf lag, ohne sein Zutun weniger. Ursache des Übels war nicht der Bandwurm, sondern ein Fuchs. Frauchen ertappte das Ungeheuer beim Mopsen.

– Als Tierarzt musst du doch wissen, wie man einen Fuchs vertreibt!

– Wir müssen Gerüche verbreiten, die den Fuchs abschrecken.

Ich setzte mich stundenlang mit meinen beiden Hunden auf Kasimirs Terrasse. Der Fuchs kam wieder, dafür der Kater nicht.

– Ihr müsst stark nach Mensch stinkende Sachen auf der Terrasse auslegen.

Spätestens als Herrchens schweißtriefende Jogginghose samt müffelnden Joggingschuhen den gewünschten Vertreibungseffekt verfehlte, machte ich keine Gefangenen mehr.

– Drastische Zeiten verlangen drastische Maßnahmen. Versucht es mit Menschenpipi, notfalls mit Exkrementen, du weißt schon, was ich meine.

Zwei Wochen lang ging Herrchen in den frühen Morgen- und Abendstunden zum Beinchenheben in den Garten. Frauchen wurde nicht gesichtet.

Die Verhaltensforschung sollte recht behalten! Die ausgiebige Pinkelei half – der Fuchs blieb weg. Stattdessen stand eines Morgens ein röhrender Hirsch im Garten, ein Zwölfender, mindestens. Entweder hatte Herrchens territoriales Markieren bis in den Wald gestunken, oder es waren die Testosterone, die im Hirsche den Platzhirsch geweckt hatten.

Als Kasimir ins Greisenalter gekommen war, er außerdem an Diabetes erkrankte und zweimal täglich mit Insulin versorgt werden musste, verließ er nur noch selten das Haus.

– Er braucht aber seine Freiheit, mindestens einen kleinen Teil vom Garten, einen Randbereich.

Frauchen zeichnete Baupläne, Fachleute errichteten eine unüberwindbare Einzäunung.

Zwei Drittel des großen Gartens gehörten nun Kasimir. Herrchen war die Randerscheinung im Randbereich. Die drei Quadratmeter zwischen zwei Bäumen, an denen die Hängematte hing, ließ man ihm gnädig. Der Kater hatte sein Altenteil, der Hausherr sein Altenteilchen. Aber wer zäunte dann eigentlich wen ein?

Auch nach Kasimirs Ableben ging das Gebiet nicht zurück an den Alteigentümer. Es liegt bis heute da als erweiterte Katzengruft.

ZWILLINGSSTEINE UND DIE GEISTIGE GRÖSSE

Ist die Katze aus dem Hause, tanzen die Mäuse auf dem Tisch. Ist es der Klinikchef nicht, tanzen die Assistenten um den OP-Tisch.

Sobald unser Chef mit seinem Boot in See stach, stachen wir in den OP. Nun durften wir auch an größere Operationen ran, die sonst Chefsache waren. Es stellte sich jetzt nur die Frage: Ich oder mein Kollege?

– Hänschen, nimm alle OPs an! Wenn es was Größeres ist, ruf an!

Mit diesen Worten war mein Kollege aus der Tür gegangen.

Und es sollte was Größeres werden. Der Tag brachte zunächst mindere Routine, Biss- und Schnittverletzungen etwa. Erst am späten Nachmittag kam ein Dackel rein mit starkem Erbrechen.

– Herr Doktor, Raudi hat vor zwei Tagen mit Kieselsteinen am Rhein gespielt, vielleicht hat er welche verschluckt.

Raudi hatte im wahrsten Sinn einen steinharten Bauch. Mit großer Vorfreude, wie in Kindertagen beim Ostereier-Suchen, warteten wir auf die Röntgenaufnahmen.

Tatsächlich, im Bereich des Magenausgangs steckte ein hühnereigroßer Kieselstein. Wie der kleine Raudi einen solch großen Stein hatte herunterschlucken können, blieb sein Geheimnis. Er musste sich die

Schlucktechnik bei einer Schlange abgeschaut haben. Die OP gestaltete sich recht schwierig, da der Kieselstein im Zwölffingerdarm festklemmte. Mit viel Mühe und krampflösenden Mitteln gelang es, ihn in den Magen zurückzuschieben. Mittels Magenschnitt beförderten wir den Stein dann ans Tageslicht. Heller als das Tageslicht und das OP-Licht zusammen strahlte ich, als er endlich in meiner Hand lag. Obwohl es sich im OP nicht schickt, tat ich einen Freudensprung.

Das brachte der OP-Leuchte einen großen und meiner eigenen Leuchte einen kleinen Sprung ein. Heißt es nicht, Übermut kommt vor dem Fall? oder vor dem Sprung? oder erinnere ich mich falsch? Noch schmerzhafter war die Schadenfreude meines Kollegen.

– Hänschen, mein kleiner Lieblingszwerg, so etwas kann nur dir passieren, da du doch so schön unter die OP-Leuchte passt.

– Lieblingszwerg?! Mit hundertzweiundsiebzig Zentimetern Körpergröße habe ich südeuropäisches Durchschnittsmaß.

– Reg dich ab, mein kleiner Giotto, kleiner dürftest du nun wirklich nicht sein.

– Du hast zwar Gardemaß, aber für die Schweizer Garde doch ein paar Kilos zu viel.

Wenn ich schon der Kürzere war, wollte ich nicht den Kürzeren ziehen. So sann ich auf Rache. Als wir Magen- und Bauchwand geschlossen hatten und uns daran machten, den Schutzverband zu legen, begann ich meinen Feldzug.

– Rein physisch magst du ja ein Riese sein, aber geistig eher ein Zwerg.

– Wie meinst du das denn, Hänschen?

– Wieso hast du nur eine Röntgenaufnahme vom Vorderbauch gemacht? Was ist, wenn Raudi mehrere Steine verschluckt hat und weiter hinten noch welche sitzen?

Der Satz saß! Mein Kollege wurde jetzt unruhig.

– Hänschen, du könntest recht haben. Das können wir ohne eine weitere Röntgenaufnahme nicht ausschließen. Ich nehme Raudi noch mal schnell mit nach hinten in den Röntgenraum.

– Brauchst du nicht, wozu haben wir dieses teure Durchleuchtungsgerät hier im OP. Außerdem kann er gleich am Narkosegerät bleiben, falls wir ihn wieder aufmachen müssen. Hol dir schnell die Bleischürze!

Mein Kollege wurde hektisch und bewegte seine stolzen hundertneunzig Zentimeter in Richtung Röntgenraum, um die Schutzkleidung zu holen. Jetzt war der Moment gekommen, in dem ich tapferes Schneiderlein spielen durfte. Wenn das aus einem Kieselstein Wasser pressen konnte, konnte ich mit einem Kieselstein Angstschweiß aus meinem Kollegen pressen. Ich nahm den frisch herausoperierten Kiesel und schob ihn vorsichtig unter den Bauch von Raudi, so dass der Stein nicht zu sehen war. Dann verließ ich den OP, während mein Kollege bereits das Gerät zum Durchleuchten über den Hund schob. Durch die Glasscheibe sah ich ihn wild tobend und fluchend gestikulieren.

– Hänschen, so eine Scheiße! Das darf doch nicht wahr sein. Da ist noch einer drin! Weiter unten! Er sieht fast genauso aus wie der erste!

– Vielleicht sind es ja Zwillingssteine?

– Kannst du mal ernst sein? O Gott – was machen wir denn jetzt? Wir müssen die Naht noch mal auftrennen!

– Müssen wir nicht – ich hol ihn so raus!

– Wie, du holst ihn so raus?

– Einfach so, mit geistiger Größe geht das!

Langsam griff ich, jede Sekunde auskostend, unter Raudi und holte den Stein raus.

– Abrakadabra, da ist der Zwillingsstein!

Das Gesicht meines Kollegen nahm heidnische Züge an und ich Reißaus. Er hinter mir her, Treppe rauf und Treppe runter, Treppe rauf …

– Ich bring dich um!!!

Trotz seines langen Schrittes konnte er mich nicht fangen. Die schwere Bleischürze bremste ihn erheblich. Das rettete mir damals mein Leben. Ganz ungeschoren kam ich allerdings nicht davon. Bei der Verfolgungsjagd stürzte ich die Treppe hinunter und prellte mir gehörig die Knie.

Über dieselbe Treppe war auch Jahre zuvor unser Chef gestürzt, obwohl ihn keiner verfolgt hatte. Mit einer Steißbeinprellung musste er notfallmäßig ins Krankenhaus. In der Bereitschaftsärztin fand er nicht nur Schmerzlinderung, sondern auch die Frau fürs Leben. Ich fand später nur ein paar kleine blaue Flecken, und auch die nur für zwei Wochen.

DER BESONDERE FALL ODER DAS BETTHUPFERL

Pudel Paulchen war mir wohlgesonnen und stürmte immer freudig schwänzchenwedelnd ins Behandlungszimmer. Dieses Mal jedoch trottete er mit gesenktem Haupt und gesenktem Schwänzchen herein.

– Guten Tag, Frau Schneider! Paulchen scheint es wohl schlecht zu gehen, wenn er sich so überhaupt nicht auf mich freut.

– Das stimmt! Er ist sehr apathisch. Ich mache mir große Sorgen.

– Er ist dünn geworden.

– Darum sind wir hier. Er kotzt schon seit Wochen.

– Haben Sie das Futter gewechselt?

– Nein, er kriegt nur das beste antiallergische Diätfutter.

– Gut, wir müssen ihn gründlich untersuchen.

– Dann machen Sie mal, Herr Doktor. Sie wissen ja, er ist wie unser eigenes Kind. Egal, was es kostet.

Wir untersuchten Paulchen nach allen Regeln der tierärztlichen Kunst. Blutabnahme, Gastroskopie, Sonografie und Kontraströntgen. Er hatte eine Gastritis, erhöhte Leberwerte und eine Anämie. Wir behandelten die Gastritis und verschrieben eine Leberdiät. Die Symptome verschwanden nicht. Paulchen kotzte weiter und wurde immer dünner. Schließlich überwiesen wir ihn an eine Uniklinik zur weiteren diagnostischen Abklärung mittels MRT und Leberbiopsie.

Nach einer Woche stationärem Klinikaufenthalt wurde Paulchen mit der Diagnose unspezifische Hepatopathie mit Verdacht auf eine Autoimmunerkrankung entlassen. Bei der Diagnose »autoimmun« muss ich immer an die Worte meines Bruders denken: »Wenn wir Humanmediziner mit unserem Latein am Ende sind, heißt es immer psychosomatisch oder autoimmun.« Nur, dass sich Paulchen sein Pfötchen in den Hals steckte, um sich zu erbrechen, war eher unwahrscheinlich. Also doch eine autoimmune Geschichte? Ich ließ mir von Frau Schneider noch mal die Zutatenliste des antiallergenen Futters geben. Es handelte sich um ein hochwertiges Diätfutter. Das konnte nicht der Grund sein.

– Kriegt Paulchen wirklich nichts vom Tisch?

– Hat er nie bekommen. Da sind wir sehr konsequent.

– Auch nichts unter dem Tisch?

– Ganz sicher nicht!

Verzweifelt versuchte ich es mit der Columbo-Methode. Der hatte bekanntlich immer noch ne Frage.

– Wer bringt Paulchen ins Bett?

– Mein Mann.

– Bekommt er denn auch schon mal ein Betthupferl?

– Natürlich, jeden Abend.

– Was kriegt er denn?

– Einen Eukalyptus-Bonbon!

– Da haben wir es! Paulchen ist zwar süß, aber sonst hat er mit einem Koalabären nichts gemein. Eukalyptus ist für Hunde giftig. Schon der geringe Anteil an Eukalyptus kann, umgerechnet auf zwei Jahre und fünf Kilogramm Hund, für die Leber äußerst schädigend sein.

Das sind die Tücken der Zivilisation. Was arme Koalas mühsam auf Bäumen pflücken mussten, wurde Paulchen im Bett serviert. Ab sofort bekam er Leberwurst als Betthupferl. Sein Erbrechen verschwand schlagartig, die Leberwerte entsprachen nicht mehr denen eines notorischen Säufers. Die Leberwurst bekam der Leber wesentlich besser, aus dem dürren Pudel wurde ein dicker »Koalabär«.

– Lieber dick als tot, Herr Doktor!

Ich verschrieb mal besser fettarme Leberwurst.

OSKAR ODER DIE EHESTANDSBEWEGUNG

Unlängst sinnierte ich zusammen mit meinem Bruder, er arbeitet als Humanmediziner.

– Es ist paradox, deine tierischen Patienten sind humaner als meine Humanpatienten. Hat dich etwa schon mal ein Hund während der Konsultation zu Tode gequatscht?

– Leider kommen meine Vierbeiner und Zweiflügler nur selten allein zum Tierarzt, meistens haben sie ihren Erziehungsberechtigten dabei. Die wiederum sind der Sprache mächtig! Allmächtig!

– Ja, aber deine Vierbeiner sind ehrlicher als deine Zweibeiner. Musstest du denn jemals einen Hundesimulanten krankschreiben, weil er montags blaumachen wollte?

– Dafür kann der Humanmediziner, wenn er mit der Diagnose nicht weiterkommt, auch mal auf die psychosomatische Schiene ausweichen. Obwohl, manchmal frage ich mich, wie ein Tier mit gewissen Frauchen oder Herrchen noch so normal sein kann. Tatsache ist, wir Tierärzte haben die dankbarsten Patienten. Ich glaube nicht, dass dir jemals ein Zweibeiner nach der Konsultation voller Freude die Hand geleckt hat!

Es ist und bleibt ein frommer Wunsch eines jeden Tierarztes, dass seine tierischen Patienten ohne ihre humanen Anhängsel erscheinen. An diesem Montag trat Terrier Oskar mit seinem Frauchen im Schlepptau ein.

Folgenden Dialog, in den meine Assistentin an der Rezeption verwickelt wurde, bekam ich durch die spaltoffene Tür mit …

Frau Polter betritt stürmisch die Praxis und grollt.

– Scheiße, ist das wieder voll hier! Müssen die alle gleichzeitig kommen?

– Ich wünsche Ihnen auch einen guten Morgen.

– Na super, alles neue Gesichter hier!

– Mich kennen Sie aber schon, ich arbeite seit drei Jahren hier. Ich brauche Ihren Namen, bitte!

– Den sollten Sie nach drei Jahren aber können! Scheiße, sind die Sitze tief, die waren auch schon mal höher.

– Es sind seit Jahren dieselben Stühle. Ich habe Ihren Namen nicht verstanden.

– Mein Name ist Polter, wie immer! Da hat sich nichts geändert!

– Danke, ich muss auch den Namen Ihres Hundes wissen.

– Oskar, ist doch logisch. Ich habe letzte Woche angerufen, warum sollte ich heute einen anderen Hund mitbringen?

– Okay! Was hat Oskar denn für ein Problem?

– Was, soll ich Ihnen das auch noch erzählen! Reicht doch, wenn ich es dem Arzt mitteile! Muss ich hier jetzt alles dreimal sagen?

– Ich wollte nur nachfragen, damit der Doktor weiß, worum es geht.

– Das werde ich ihm gleich schon selbst sagen. Muss ja nicht jeder wissen, was mein Oskar hat!

Je vorlauter an der Rezeption, desto kleinlauter im Angesicht des weißen Kittels. In aller Regel. Die die Regel bestätigende Ausnahme war Frau Polter. Sie polterte auch im Behandlungszimmer gleich los. Anscheinend hatte sie eine Weißkittelallergie. Meine Strategie, sie im grünen Operationskittel zu empfangen, ging nicht auf. Auch diese Farbe besänftigte sie nicht.

– Bei Ihnen sitzt das Skalpell wohl sehr locker! Schlafen Sie auch im OP-Kittel?

Ich wollte mein entwaffnendes Lächeln einsetzen, hatte aber nur mein gequältes dabei.

– Was haben wir denn für Sorgen mit Oskar?

– Keine! Er strotzt vor Gesundheit, wenn Sie wissen, was ich meine!

– Sie meinen, er ist wild und zieht an der Leine.

– Ich meine, er ist wild und geht an meine Beine!

– Zwicken oder beißen?

– Kratzen, beißen, jaulen und klammern, alles was dazugehört. Bevorzugt nimmt er meine Waden, inklusive Ehestandsbewegung.

– Ehestandsbewegung?

– Nun tun Sie nicht so! Sie sind doch verheiratet!

– Sie meinen eine deckaktmäßige Bewegung?

– Akt oder nicht Akt! Schauen Sie sich mal meine Waden an!

– Da hilft nur eine Kastration!

– Oh, der Arme! Reicht da nicht eine Sterilisation?

– Auf keinen Fall. Durch die Sterilisation wird er zwar unfruchtbar, aber Ihren Waden bringt das nichts.

– Sie wollen doch nicht etwa die Hoden abschneiden.

– Hoden oder Waden!

– Da müssen wir meinen Mann anrufen!

Normalerweise sind die Männer immer gegen eine Kastration und überkreuzen während dieser Aussage solidarisch ihre Beine. Herr Polter war die Ausnahme.

– Sofort kastrieren, Herr Doktor, so spitz, wie der ist, war ich nicht einmal in meinen Flitterwochen.

Wir kastrierten Oskar. Zwei Wochen später erschien Frau Polter in großer Polterlaune in der Praxis.

– Herr Doktor, haben Sie Oskar auch vernünftig kastriert?

– Ja, Frau Polter, zwei ganz schöne Hoden haben wir entfernt!

– Wieso geht er dann immer noch an meine Waden?

– Erstens zirkulieren noch Resthormone im Blut, und zweitens kann das auch ein Dominanzverhalten sein.

– Sie sind gut! Soll ich ihm jetzt auch noch die Domina machen? Soll ich mit der Lederleine seinen Allerwertesten versohlen?

– Dominanz hat etwas mit sozialer Ordnung zu tun! Sie müssen ihm zeigen, dass Sie in der Rangfolge über ihm stehen.

– Davon können Sie ausgehen, dass ich das tue. Fragen Sie mal meinen Mann!

– Das bezweifle ich nicht, zumal Sie ja bei der Bundeswehr gearbeitet haben.

– Dreißig Jahre, Herr Doktor! Schon manch ein Mann ist vor mir strammgestanden!

Ich nahm unbewusst die militärische Grundstellung an und schloss die Hacken.

– Als Feldwebel, Frau Polter?

– Oberfeldwebel! Ooooberfeldwebel!!!

Ich wartete nur noch auf das »Rührt euch!«.

Um das Wadenproblem zu lösen, verabreichte ich dem immer noch testosterongeplagten Oskar ein Gegenhormon.

– Wenn das nicht hilft, hilft nur noch der Rütter, der Hundeprofi!

Wochen später. Frau Polter betrat mit Oskar die Praxis. Auffallend entspannt beide.

– Na, wie sehen Ihre Waden denn aus?

– Ganz gut, Herr Doktor, dafür nimmt er jetzt die Knie!

Aber viel zärtlicher.

DER METZGERLEHRLING ODER DER ASSISTENT

Warum ereignen sich die tierärztlichen Notfälle immer kurz vor Mitternacht? Ganz einfach, um 22 Uhr, kurz nach dem letzten Fernsehfilm, gehen die gewissenhaften Hundebesitzer noch mal vor die Tür. Die besonders gewissenhaften gehen sogar nochmals ausgiebig Gassi. Dann läuft der Hund vors Auto oder zeigt dem verhassten Nachbarshund, wem die Straße gehört.

Was ist mit den Katzen? Auch die arbeiten nachts gern an der Ausweitung ihres Reviers. Die Kämpfe enden nicht immer nur mit ein paar Kratzern. Manchmal gibt es auch das gemischte Doppel: Hund jagt Katze, Katze jagt Hund.

– Mein Hund hat eine Katze gejagt und ist an einem scharfkantigen Zaun hängen geblieben.

Zur besagten mitternächtlichen Stunde stand ein Mann mit einem schwer verletzten Dalmatiner vor der Tür. Sein weißes Hemd war stark blutverschmiert, und stark schwyzerisch war sein Dialekt. Beim Betrachten der Bluttropfen stellten sich bei mir als damals noch blutigem Anfänger die Schweißtropfen ein. »Nur im äußersten Notfall den Chef anrufen, sonst überlebst du die Probezeit nicht«, hatte mir der Oberarzt eingebläut. Ich versuchte also allein klarzukommen.

– Wir dürfen keine Zeit verlieren! Wie ich sehe, können Sie gut Blut sehen.

– Ich kann Ihnen gern assistieren, ich bin Metzger!

Ich legte den Hund in Narkose, rasierte und desinfizierte die Wunde. Die verlief bremsspurartig über die ganze Seite des Hundes – vom Hals bis zum Schwanz. Aber ich blieb Herr der Lage.

– Er hat noch mal Glück gehabt. Es sind keine lebensbedrohlichen Schnitte, zusammenflicken müssen wir ihn trotzdem. Das kann etwas dauern!

– Ich stehe bereit! Sie müssen mir nur sagen, was ich halten soll und wie.

– Ein guter Assistent hält den Mund und tut, was man ihm sagt. Sie sind Narkoseschwester und OP-Assistent in einer Person. Behalten Sie den Atembeutel im Auge und tupfen Sie das OP-Feld sauber, aber immer nur, wenn ich es Ihnen sage.

– Ich gebe mein Bestes!

Dann legte ich mit dem Nähen los. Es gab damals noch nicht den Luxus verschweißter Nadelfäden. Man zog die Fäden von der Spule und danach durch das Nadelöhr. Die Nadel glitt nur mit erheblichem Widerstand durch das Gewebe. Die Nadelführung gelang nur ruckartig. Aber der Hund schlief gut. Meinen Assistenten für eine Nacht schien das auch nicht zu jucken. Überhaupt ging er mir sehr gut zur Hand und strahlte wahrscheinlich mehr Ruhe aus als der Operateur.

– Für einen Metzger machen Sie sich aber sehr gut! Zumal wir hier ja statt zerlegen zusammenfügen!

Nach zwei Stunden war das Nachtwerk vollbracht.

– So, jetzt ist Ihr Hund wieder ganz. Bis auf die Tatsache, dass ein paar Dalmatinerpunkte verrutscht sind.

Wir verabschiedeten uns herzlich und doppelbedankten uns – er für meinen nächtlichen Einsatz, ich für seine nächtliche Assistenz.

– Ich fahre morgen wieder in die Schweiz zurück und werde Ihnen von dem Heilverlauf berichten.

Erschöpft schickte ich noch ein »Danke« hinterher und konnte sogar eine ganze Stunde schlafen, ehe das Tagesgeschäft wieder seinen Lauf nahm. Damals war der Tierarzt noch kein Freizeitoptimierer. Von Work-Life-Balance keine Rede. Von einer Work-Sleep-Balance erst recht nicht.

Zwei Wochen später überreichte mir mein Chef einen Brief.

– Ich weiß nicht, welche Geschäfte Sie mit der Schweiz machen, aber hier ist ein Brief persönlich an Sie adressiert.

– Das muss ein Versehen sein, ich kenne keine Schweizer!

Erstaunt öffnete ich das Schreiben. Ein imposanter Briefkopf einer Klinik für Plastische Chirurgie, Professor Dr. Dr. Flickschuster, darunter noch eine Reihe von vielen anderen Chirurgen, leuchtete vor mir auf. Ich meinte zunächst, aggressive Werbung zu sehen. Eine Schönheitsoperation hatte ich gewiss noch nicht nötig! Auch wenn es selbst für den besten Schönheitschirurgen ein Lebenswerk bedeutet hätte, aus mir einen Adonis zu schnitzen. Doch überflog ich das Papier und musste mich mitten dabei erst einmal hinsetzen.

Lieber Herr Kollege!
Nochmals ein kollegiales und persönliches Dankeschön für Ihren nächtlichen Einsatz. Bitte meine Notlüge hinsichtlich meines Berufs zu entschuldigen, wollte Sie in Ihrem jugendlichen Eifer nicht in Verlegenheit bringen. Es war amüsant, aber auch lehrreich, einmal auf der

anderen Seite des Operationstisches zu stehen. Ich weiß jetzt die Arbeit meiner Assistenten besser zu schätzen. Bis nächstes Jahr, wenn ich wieder in der Stadt bin, auf dem 20. internationalen Kongress für Plastische Chirurgie, verbleibe ich Ihr gelehriger Metzgerlehrling
Professor Dr. Dr. Flickschuster
P. S.: Die Hautnaht von Bobby ist hervorragend vernarbt und zeigt ein sehr gutes kosmetisches Ergebnis. Auch die tiefen Schichten sind gnädig verheilt.

Gnädig fand ich auch die Beurteilung meines Erstlingswerkes durch den Professor für Schönheitschirurgie – äußerst gnädig!

DER MODERNE HUNDEZWINGER

Eine gutaussehende Mittdreißigerin und Neu-Kölnerin betrat das Behandlungszimmer.

– Herr Doktor, Sie Englisch sprechen?

– A little bit. Mein Englisch ist kein Oxford-Englisch, eher ein Ostblock-Englisch!

– Dann versuche ich auf Deutsch.

– Danke, was haben Sie denn für Sorgen?

– Ich habe eine guten Ideengeschäft!

– Dann verkaufen Sie mir doch auch eine Geschäftsidee.

– Die Idee ist besondere Hundeclub.

– Ah, ich verstehe. Sie wollen Hunde züchten.

– Ich wollte gute Rat von Ihnen, ob man verdienen kann gute Geld.

– Was für eine Rasse wollen Sie denn züchten?

– Rasse ist egal, nicht wichtig.

– Rasse ist schon wichtig, obwohl, in letzter Zeit haben die Deutschen ihr Herz auch für Straßenhunde entdeckt.

– Ja, ich habe auch ganz viel Herz für Hunde. Ich möchte nicht zuchten, nur für Spaß.

– Also eine Hobbyzucht, kein Gewerbe.

– Ich möchte schon Gewerbe, kann ich viel Geld machen.

– Da haben Sie recht, wenn man zur richtigen Zeit den richtigen Modehund züchtet.

– Modehund … das gut! Welche ist der richtige Modehund?

– Das bestimmt Hollywood. Die Filmindustrie hat eine regelrechte Hundeindustrie hervorgebracht.

– Hollywood?

– Denken Sie an den Dalmatinerboom nach dem Film »101 Dalmatiner« oder der Labradorboom nach »Marley und ich«. »Beethoven« der Bernhardiner war dagegen etwas zu groß für so manche Zweizimmerwohnung.

– Ich brauche einen speziellen Hundezwinger.

– Das gibt es auch. Hunde für Allergiker wie der Labradoodle oder der Cockapoo oder auch der Chinesische Nackthund.

– Nackthund … kenne nicht. Klingt cool!

– Nackthunde sehen aus wie hässliche Sekretärvögel, mit einem Haarschopf auf dem Kopf, und sonst ganz nackt.

– Interessante Sache!

– Aber bitte fangen Sie keine Qualzucht an wie Möpse oder französische und englische Bulldoggen.

– Nacktehunde und Möpsehunde und diese Franzosen wären gut für das Geschäft. Ich wollen Zucht für Hunde Liebe.

– Ob die lieb sind, hängt von der Erziehung ab.

– Ich wollen machen Hundeclub wie für Matrosen.

– Was hat denn eine Hundezucht mit der Seefahrt zu tun? Sie wollen doch keine Seehunde züchten?

– Ich habe arbeiten auf St. Pauli. Dort zahlen Matrosen und Nichtmatrosen für Liebe.

An dieser Stelle der Konversation habe ich bestimmt etwas dumm geguckt.

– Äh, Sie wollen keinen Hundezwinger, sondern einen Hundeswinger!!! Keine Zucht, sondern Unzucht! Einen Puff …

– Ja, Puff … aber vornehme und saubere Puff! Keine Kaschemme!

– Quasi ein Etablissement für noble Hunde und nicht für den profanen Straßenköter. Also für die gehobene Hundegesellschaft aus Hamburg-Blankenese.

– Ganz professionelle Club mit Pass Gesundheit und bitte mit Pille für Hundedame.

– Äh, wie stellen Sie sich das vor?

– Soll sein eine Club für geile Hundemänner, die immer Stofftiere und Knie von Besitzer bumsen.

– Ich verstehe, Sie planen ein Stundenhotel für Hunde.

– Genau!

– Das wäre dann aber nur zweimal pro Jahr geöffnet.

– Warum?

– Die Hündinnen werden nur zweimal im Jahr heiß und sind nur wenige Tage sexuell bereit.

– Kann ich ja mehrere Hundedamen anschaffen.

– Ja, anschaffen trifft es.

– Was ist mit Hundepille? Internet sagt, man kann schieben.

– Eine hormonelle Optimierung des Deckzeitpunktes gibt es wirklich, zum Beispiel in der Rinderzucht. An einem Tag kann der Tierarzt um die fünfzig Kühe besamen, künstlich natürlich!

– Ich nicht möchte künstlich, ich wollen natürlich. Hundemänner sollen haben Spaß wie Matrosen.

– Und dann sollen Frauchen oder Herrchen für den Deckakt bezahlen?

– Ja, bezahlen, aber warum heißen Denkakt? Sie sollen haben Spaß, nicht sollen denken. Ruden sind auch nur Männer!

– Was ist mit der Gleichberechtigung? Was ist mit den emanzipierten Hundedamen?

– Gute Idee, kann ich auch machen für Damen …

– Calldog statt Callboy?

– Doktor, nicht klauen meine Ideen!

Der geneigte Leser wird verstehen, dass ich den Zeitpunkt für das Ende der Beratung gekommen sah. Ich verwies die Dame an den Amtstierarzt und das Gewerbeaufsichtsamt, denn Beamte haben im wahren Leben nicht wirklich viel zu lachen. Vor meinem inneren Auge erschien eine schwarze Hundedomina mit Stachelhalsband, die mit einer Lederleine Hündin Bella den Po versohlte … Und nein, ich war noch nie Matrose!

DIE RUDELFÜHRERIN ODER FRAUEN AN DIE MACHT

Diese Zeilen sind eine Hommage an das starke Geschlecht – an das Hundefrauchen!

Ob Spargeltarzan oder Sumoringer, Hundeherrchen stehen beim Tierarztbesuch nur dumm herum. Wenn sie nicht dumm stehen, sitzen sie dumm, damit ihre Angst vor Spritzen sie nicht ganz umhaut. Selbst das zierlichste Hundefrauchen hingegen wuchtet seine Vierzig-Kilo-Bulldogge wie ein gedopter bulgarischer Gewichtheber auf den Behandlungstisch.

Derweil sitzt ein durchtrainierter Muskelprotz auf dem Wartestuhl. Je nach Charaktertyp murmeln die Herrchen sich die immer selben Sätze in den Bart. Der Softie: »Schatz, darf ich …«, der Macho: »Schatz, mach mal …«, der smart Emanzipierte: »Schatz, willst du lieber, oder soll ich …«. Nicht einmal mein provokanter Standardsatz »Wie gut, dass wir heute das starke Herrchen dabei haben« lockt die Herren von der Reservebank. Kraftlos am Boden lägen sie, sobald ein Tropfen Blut fließt.

Das Multitasking-Frauchen bändigt den Rottweiler auf dem Behandlungstisch, lässt sich von der Katze zerkratzen und sorgt sich um ihren sensiblen Bodyguard: »Darling, wenn du das nicht sehen kannst, kannst du auch rausgehen.« Darling gelingt es dann gerade noch, sich mit eigener Muskelkraft bis vor die Tür zu schleppen, um dann wegen der frischen Brise umzukippen.

Frauen werden unsere Welt retten! Die Hundewelt haben sie schon gerettet.

Ehrenamtliche Tierschützerinnen sind auf allen Straßen dieser Welt unterwegs, um Straßenhunden und Straßenkatzen zu helfen. Die deutschen Touristen eifern ihnen nach. Ein Kollateralnutzen des Tourismus ist der Export der Tierschutzidee.

Doch während die Deutschen sich dem Tierschutz verschrieben haben, hoffe ich, sie vergessen darüber nicht den Menschenschutz. Der Zivilisationsgrad der Menschheit verhält sich direkt proportional zum Umgang mit den Tieren. Tierliebe ist universal und nicht national. Der Inder liebt seine Kuh. Ja, sie ist ihm so heilig, dass sie permanent Gassi gehen darf, und das ganz ohne Leine.

Bei uns wird die Resi von der Alm geholt und auf den Spaltenboden mit Durchlass für Kot und Harn gestellt! Bei den »Schnitzelschweinen« hält sich die Liebe in Grenzen – Preisgrenzen! Ist Tierliebe etwa selektiv?

Die Frauen sind es, die uns den veganen Weg weisen. Heute, da der Säbelzahntiger ausgestorben ist und die nötigen Proteine auch pflanzlich beschafft werden können, hat der Mann als Jäger ausgedient. Der Logik der freien Vernunft folgend kann es nur heißen: Frauen an die Macht! Hillarys statt Donalds! Die Welt wäre eine andere, eine bessere.

Doch zurück auf den Boden der Tatsachen! Den Boden meines Behandlungszimmers. Dort lag ein bewusstloser Mann. Was hatte zum Verlust seines männlichen Bewusstseins geführt? Eine einzige Wundklammer, die ich aus der verheilten Verletzung am Schwanz seines

Cockerspaniels entfernte. Wie ein Baum fiel er und lag nun da wie ein Brett. Da er auf meine tierärztlichen Wiederbelebungsversuche nicht reagierte, sah ich mich gezwungen, den Notarzt zu rufen. Der erschien auch alsbald, beugte sich schmunzelnd über den Patienten und legte einen venösen Zugang. Dann kam der Sanitäter mit der Trage. Mit vereinten Kräften hievten sie den Bewusstlosen auf die Trage und begannen im Duett zu lachen. Irritiert wandte ich mich an die beiden.

– Schön, dass Sie so viel Freude und Spaß an Ihrem Beruf haben! Sind Sie Sanitäter, oder kommen Sie von der Lach- und Schießgesellschaft?

– Wir sind Sanitäter, und der hier auf der Trage ist unser Kollege und Chef. Normalerweise ein wirklich harter Hund. Es sei denn, sein Hündchen hat ein Wehwehchen, dann wird er ganz weich.

– Dann betten Sie ihn aber am besten ganz weich und nehmen Sie auch Charly mit.

– Gern! Charly ist der Liebling der Kompanie. Wir würden alle für ihn sterben.

– Aber bitte nicht in meinem Behandlungszimmer!

Weitaus blutiger verlief der nächste Fall von männlichem Heroismus. Warum schneiden Hundebesitzer die Krallen ihrer Tiere um Mitternacht? Wahrscheinlich arbeiten sie nach dem Mondkalender. Die Krallen wachsen wohl bei Vollmond besonders langsam nach.

Punkt Mitternacht im Notdienst meldete sich eine männlich-sonore Stimme am Telefon.

– Herr Doktor, ich habe die Krallen meines Hundes geschnitten. Eine blutet! Kann er verbluten?

– Machen Sie einen Druckverband und kommen Sie dann vorbei.

Es hat keinen Sinn, diese Patienten zu vertrösten. Auch wenn die Blutung schon seit zwei Stunden beendet ist, sie stehen trotzdem vor der Tür.

Keine zehn Minuten später stürmte der Anrufer ohne männlich-sonore Stimme die Praxis. Das Sonore war einem leisen Wimmern gewichen. Aus forte wurde piano.

– Schnell, Herr Doktor, er ist schon ganz blass. Ich hoffe, Sie haben Blutkonserven vorrätig!

Um ihn zu beruhigen, untersuchte ich die Schleimhäute des Hundes.

– Der Einzige, der hier blass ist, sind Sie.

– Gott sei Dank, ich wäre meines Lebens nicht mehr froh geworden!

Vor Freude wurden seine Bäckchen zartrosa. Ich entfernte den Verband und wollte Herrchen schon loben. Plötzlich gab es einen fürchterlichen Knall. Vor dem kaputten Arztschrank lag das Herrchen, mit stark blutendem Hinterkopf. Die Bäckchen waren schneeweiß! Schnell griff ich auf meine Ostblock-Erste-Hilfe-Methode zurück: eine wohldosierte Ohrfeige, zuerst rechts, dann links. Sofort wurde aus Schneeweißchen Rosarotchen. Klingt nach Grimms Märchen, war aber bittere Realität! Wieder in der Realität angekommen schien jetzt auch das Hundeherrchen. Der Patient fand sogar seine Stimme wieder, mit einem Hauch von Bariton!

– Herr Doktor, das ist mir unsäglich peinlich!

– Kein Grund! Das ist anderen auch schon passiert.

– Ja, aber die anderen waren wahrscheinlich auch kein Stuntman von Beruf. Ich bin Profi, springe aus brennenden Autos und Flugzeugen, aber ich kann kein Blut sehen.

Er griff sich an den Hinterkopf, sah die blutverschmierte Hand und begann mit leicht verdrehten Augen zu wanken. Ich konnte ihn gerade noch auf den Behandlungstisch retten, ein kaputter Glasschrank reichte …

– Sie sind Stuntman! Sie können jetzt den Stunt Ihres Lebens hinlegen. Sie müssen nur stehenbleiben, nicht wieder hinfallen.

Der Stunt gelang nur zur Hälfte. Er saß aufrecht auf dem Behandlungstisch, als ich ihm einen turbanartigen Kopfverband anlegte.

– Jetzt fehlt Ihnen nur noch ein Kamel, dann können Sie als Beduine nach Hause reiten. Übrigens, Ihr Hund braucht keinen Verband, es war nicht mal ein winziger Tropfen Blut zu sehen. Dafür setze ich jetzt den Ihrigen mit auf die Rechnung.

Der gestandene Stuntman lächelte glückselig.

– Egal was es kostet, Herr Doktor, Hauptsache, mein Wastl ist nicht verblutet.

Glückselig war ich auch. Darüber, dass damals nicht überall Videokameras an den Decken hingen, sie hätten mir und meiner Wiedererweckungsmethode zum Verhängnis werden können.

MEIN HUND IST GANZ ANDERS ODER DIE EINSTEIN-THEORIE

Herr Mauer, mein Hund ist ganz anders!

– Wie ist er denn, wenn er *nicht* ganz anders ist?

– Bis vor zwei, drei Wochen war er topfit. Jetzt ist er müde, ängstlich, frisst kaum und will nicht raus.

– Wir haben eine Woche nach Silvester. Vielleicht hat er noch ein leichtes Knalltrauma.

– Auf keinen Fall! Einstein liebt die Böller. Er jagt sie mit dem größten Vergnügen.

– Hat sich persönlich etwas geändert? Sind Sie vielleicht umgezogen?

– Nein!

– Gibt es in Ihrer Umgebung läufige Hündinnen?

– Die Hundedamen haben Einstein noch nie interessiert. Er besteigt eher kastrierte Rüden!

– Wir leben halt in Köln. Außerdem spricht das durchaus für ein gesundes Dominanzverhalten.

– Das ist jetzt auch weg. Er dominiert nur noch meine Couch. Das ist nicht mehr mein Einstein!

– Dann müssen wir ihn einmal auf Links drehen. Große Blutuntersuchung, einschließlich der Schilddrüsenwerte, das volle Programm.

– Hoffentlich hat er nichts an der Birne.

– Psychosomatische Erkrankungen gibt es auch beim Hund. Eine Schilddrüsenerkrankung kann sich durchaus auf die Psyche des Hundes auswirken, und daraus kann eine Verhaltensänderung folgen.

– Ich habe vergessen, Einstein hatte vor circa einem Jahr einen epileptischen Anfall. Vielleicht ist da was zurückgeblieben?

Die Laborwerte waren unauffällig. Keine Entzündungen, keine Hormonstörungen. Labordiagnostisch gab es keinen Anhalt für »das Anderssein«. Eine neurologische Untersuchung samt Computertomographie brachte uns auch nicht weiter. Das Tier indes wurde immer ängstlicher. Es war nur noch mit Mühe vor die Tür zu bekommen.

– Vielleicht braucht er Psychopharmaka?

– In den Staaten bekommt das jeder zweite Hund und macht »Sitz« auf der Couch der Hundepsychologen. Bei uns ist das eher unüblich.

– Ich hätte es aber gern probiert.

Ich verordnete Einstein einen Angstlöser. Da wurde es noch schlimmer! Er verkroch sich unter der Couch und wollte nicht einmal mehr fressen.

– Ich bin verzweifelt!

– Warum heißt Ihr Hund Einstein? Sind Sie Physiker, oder ist Einstein so schlau wie der Nobelpreisträger?

– Die Kinder haben ihn so getauft.

– Kinder? Sie haben nichts von Kindern erzählt.

– Es sind nicht meine Kinder. Es sind meine Schüler.

– Dann sind Sie Lehrer. Was unterrichten Sie?

– Ich bin Sonderpädagoge für gehörlose Kinder.

– Sitzt Einstein während des Unterrichts im Auto, oder ist er daheim?

– Er mag keine Sekunde allein sein. Deshalb ist er immer mit mir im Unterricht. Die Kinder lieben ihn mehr als mich.

– Ist Einstein denn so eine Art Therapiehund?

– Ja, aber ohne Qualifikation. Er ist einfach nur für die Kinder da. Ohne ihn darf ich den Klassenraum nicht betreten!

– Also hängen die Kinder ständig über ihm, und sie sind bestimmt auch laut?

– Gehörlose können schon sehr laut sein.

– So haben wir wenigstens eine Verdachtsdiagnose. Sie lautet: Burnout am Arbeitsplatz.

– Dass ich nicht daran gedacht habe! Unverzeihlich! Ich selbst hatte schon Burnout, aber Einstein?

Ich attestierte dem Hund Arbeitsunfähigkeit für einen Monat. Der Therapiehund brauchte jetzt selbst Therapie. Er soll die Zeit bei den Großeltern auf dem Land verbracht haben. Für die Zeit danach verschrieb ich Kurzarbeit. Er arbeitete dann nur noch zwei Tage in der Woche, und die restlichen residierte er in einer Hundetagesstätte. Ob die Hunde in der HuTa weniger laut waren als die Kinder, sei dahingestellt. Wahrscheinlich hat er sie aber besser verstanden.

MEIN LIEBCHEN SPRICHT NICHT MEHR ODER DIE KÖLSCHE GESPRÄCHSTHERAPIE

Eine äußerst besorgte Dame fortgeschrittenen Alters betrat mit einem Vogelkäfig in der Hand das Behandlungszimmer.

– Mein Liebchen spricht nicht mehr, Herr Doktor.

Liebchen saß auf der Stange, beäugte mich skeptisch und sagte – nichts.

– Spricht er noch sein Wellensittich-Kauderwelsch?

– Er piepst nur und sagt kein Wort.

– Hat er Hochdeutsch oder Kölsch gesprochen?

– Kölsch natürlich, Liebchen is ne echte kölsche Jung.

– Was spricht er denn, wenn er spricht?

– Jo, hä säht … et kütt, wie et kütt, ich ben ne kölsche Jung, wat fott es, es fott, maach et joot …

– Wenn er seinen Sittichdialekt noch beherrscht, aber das Kölsche nicht mehr, muss es an seinem Kurzzeitgedächtnis liegen.

– Da haben sie recht! Es ist bestimmt sein Kurzzeitgedächtnis, denn er ist vor kurzem aus dem Fenster gefallen.

– Hatte er Freiflug, oder ist er abgestürzt?

– Nein, er ist während des Erdbebens samt Käfig aus dem Fenster gefallen, wir wohnen übrigens im dritten Stockwerk. Er hatte bestimmt einen schweren Schock.

– Kein Wunder, ihm hat es die Sprache verschlagen. Wahrscheinlich leidet er an einer posttraumatischen Amnesie.

– Sehen Sie, und mein Nachbar hat gemeint, mein Vogel hätt'n Vogel. Und ich gleich zwei! Joot, dat ich jekumme bin!

– Ich gebe Ihnen ein Vitamin-Mineralstoffpräparat mit. Lassen Sie Liebchen heute zugedeckt, damit er in sich gehen kann und wieder zu sich findet.

– Findet er auch seine kölsche Sproch wieder?

– Da müssen wir abwarten.

Eine Woche später hatte Liebchen seine kölsche Sprache immer noch nicht wiedergefunden. Er zwitscherte nur noch australisch. Auch Frauchen wurde immer wortkarger und verwirrter, schließlich kam sie ins Krankenhaus. Da sie alleinstehend war, mussten wir Liebchen stationär aufnehmen.

Nun fassten wir einen ehrgeizigen Plan. Bis zur Entlassung von Frauchen wollten wir Liebchen wieder zum Sprechen bringen. Zwei meiner Assistentinnen waren des Kölschen mächtig und begannen direkt mit Lektion 1: Ich ben ne kölsche Jung … ich ben ne kölsche Jung … ich ben ne kölsche Jung …

Ich war der Einzige, der nicht mit Liebchen sprechen durfte, da mein siebenbürgischer Akzent auf sein Kölsch hätte abfärben können.

Meine Mitarbeiterinnen waren bald bei Lektion 5 angekommen: Ich ben ne kölsche Jeck … Ich ben ne kölsche Jeck … ich ben ne kölsche Jeck …

Allein, Liebchen hielt nichts von Hausaufgaben. Er piepste uninteressiert und amüsiert in seiner Muttersprache weiter.

Nach zwei Wochen meldete sich das Krankenhaus.

– Hallo, hier spricht der Stationsarzt. Sind Sie Liebchen? Frau Schmitz erzählt den lieben langen Tag von ihrem Liebchen. Bis heute hat sie noch kein Liebchen besucht. Nun habe ich diese Nummer neben dem Vermerk Liebchen gefunden.

– Ja, ich kann Ihnen weiterhelfen.

Wir holten Liebchen samt Käfig ans Telefon. Damals gab es ja noch keine Mobiltelefone.

– Bitte reichen Sie den Hörer an Frau Schmitz weiter.

Als Liebchen die Stimme seines geliebten Frauchens vernahm, hüpfte er vor Freude von Stange zu Stange und krächzte … »Liebchen, Liebchen, ben ne kölsche Jung!«

Am anderen Ende der Leitung ertönte ein Freudengeheul. Wir waren froh, dass wir Liebchen nicht das Weinen beigebracht hatten. So trällerte er fröhlich »Liebchen, Liebchen, kölsche Jung …«

Vom Stationsarzt ertönte nichts mehr. Jetzt hatte er die Sprache verloren!

Ab sofort telefonierte Liebchen täglich mit Frauchen. Natürlich immer nach der Visite und natürlich immer in kölscher Sproch. Die kölsche Gesprächstherapie war wirksamer als alle Psychopharmaka. Frau Schmitz konnte bald darauf entlassen werden.

Tagelang beschäftigte mich die Frage, was Liebchen wieder zum Sprechen gebracht hatte. Hatte sich die Amnesie gelöst? War es das alte »et kütt, wie et kütt«, oder war es das neu erlernte »et kütt, wie et kütt«?

Frau Schmitz und ihrem Piepmatz war das piepsegal. Denn … »Et hätt noch immer jot jejange!«

DIE MUSE UND DER KÜNSTLER

Wir hatten Sonntag, Mitternacht, die Nachtschichtwoche neigte sich dem Ende zu. Und dem Ende zu neigten sich auch meine Kräfte. Nachdem der letzte Notfallpatient verarztet war, schloss ich die Tür der Klinik ab. Da ertönte aus dem Halbdunkel des Wartezimmers eine zarte Stimme.

– Ich bin auch noch da!

Aus dem raumtrennenden Aquarium stieg eine bunte Nixe empor. Wahrscheinlich hatte ich Halluzinationen. War das schon das Nirwana oder nur eine Fata Morgana, die da in allen Farben schillernd vor mir stand? Ein knurrender Hund brachte mich auf den Boden der Tatsachen zurück. Auf demselben Boden eine kunstvoll gewandete Frau mit feuerroten Haaren, hochstöckigen grünblauen Schuhen, einen äußerst extravaganten Mantel tragend. Ihr Haupt mit einem riesigen Hut von Rosen gekrönt. Ich wähnte mich schon im »Rosenkavalier«. Nun ja, ich hatte nichts dagegen. Wir aus dem Ostblock waren ja nur graue Kleidung gewöhnt. Der einzige Farbtupfer im Alltag war die kommunistische Fahne, rot wie das vergossene Blut der Revolutionäre.

Die Märchenfee sah mich mit großen Augen an.

– Mein Hund pinkelt Blut!

Ein graues und grimmiges Tier zeigte mir sein schönstes Zahnpastalächeln.

– Fassen Sie ihn nicht an. Er ist bissig!

Das tiefe Knurren weckte urplötzlich meine Lebensgeister.

– Mag er keine Männer?

– Er mag keine Menschen, er ist ein scharfer Polizeihund außer Dienst. Ich habe ihn aus dem Tierheim geholt. Nun kriegt er sein Gnadenbrot.

– Gehören Tierärzte auch zu seinem Gnadenbrot?

– Noch stand kein Tierarzt auf seinem Speiseplan. Aber seien Sie vorsichtig, er hat schon andere Leute gebissen.

– Wie heißt denn der vierbeinige Polizeiwachtmeister?

– Hasso.

– Für die anstehende Untersuchung müssen wir Hasso sowieso narkotisieren.

Die sonographische und röntgenologische Untersuchung ergab eine hochgradige Prostatahypertrophie.

– Hasso hat eine stark vergrößerte Prostata. Ich empfehle eine Kastration, denn die Krankheit ist hormonell bedingt.

– Das sagen Sie am besten mal meinem Mann. Dann fällt der gleich in Ohnmacht.

– Das haben andere Männer auch schon überlebt.

– Aber nicht meiner! Er ist ein hochsensibler Künstler.

– In welche Richtung arbeitet er denn?

– Mein Mann ist ein sehr bekannter Aktionskünstler!

– Tut mir leid, ich kenne nur jede Menge Ballkünstler.

– Das goldene Flügelauto in Köln ist sein Werk!

In meinen ersten Kölner Jahren war besagtes Flügelauto zum geflügelten Politthema geworden. Der damalige amtierende Regierungspräsident trat nicht eben als Kunstförderer in Erscheinung. Vielleicht störte das

Flügelauto ja seinen freien Blick auf seine freien Bürger. Möglicherweise aber ist das Auto auch bloß unzulässig abgestellt worden, im Parkverbot. Es musste dann wohl doch abgeschleppt werden, denn fliegen konnte es trotz seiner Flügel nicht. Da aber ein Kunstwerk nicht dem Parkverbot unterliegt, entbrannte ein jahrelanger Streit. Die Presse freute sich. Henry Ford hätte frohlockt. Es gab beste PR zum Nulltarif. Das erste Mal in der Geschichte der Menschheit besiegte die Kunst die Politik. Das Flügelauto steht heute noch auf seinem Podest und gilt als Vorläufer der modernen Flugtaxen, die die Verkehrsprobleme der Zukunft lösen sollen.

Zugegeben, ich war ein ausgemachter Kulturbanause. Für mich waren die Flanken von Klaus Allofs die schönsten Kunstwerke. Es war die Zeit, als Düsseldorf noch Weltklasse-Aktionskünstler hatte, die beiden Allofs-Brüder! Aber um kunsthistorisch nicht völlig unbedarft dazustehen, musste ich doch noch meinen Senf abgeben.

– Die Düsseldorfer haben auch ihren Beuys!

Die zarte Künstlerseele entschied sich für die optimale Therapie von Hasso. Wir kastrierten ihn, und damit war das Problem gelöst. Damals gab es noch nicht wie heute die hormonellen Mikroimplantate, die eine Kastration ersetzen können.

Frau K., die Muse, hatte sich aber nicht nur der Kreation, sondern auch der Kreatur verschrieben. Es waren die ärmsten Wichte, die sie aus dem Tierheim holte. Unzählige alte, kranke, beinamputierte Hunde fanden bei ihr ein neues, langes, glückliches Zuhause. Die abgedroschene Phrase »Sie scheute weder Kosten noch Mühe« trifft es am besten.

»Herr Doktor, ich nehme nur Tiere, die keiner mehr will!« Dieser Satz hat mich berührt und beeindruckt.

Und Frau K. blieb nicht nur der bildenden Kunst treu, sondern auch unserer ärztlichen Kunst. Als wir mit unserer Klinik nach Köln zogen, hieß es wieder »Ich bin auch noch da!« Sie sollte bis heute bleiben. Es sind nunmehr über dreißig Jahre.

Erst kürzlich sagte sie mir, dass sie mir treuer sei als all ihren Männern.

DANKSAGUNG

Die Geschichte dieser Geschichten ist schnell erzählt.

Mein ganz besonderer Dank gebührt Claudia Dunkel, mit der mich eine sehr lange Freundschaft verbindet, aus der heraus diese Zusammenarbeit entstand. Ohne sie nämlich, mit all ihren Fähigkeiten und ihrem professionellen Hintergrund, wäre dieses Buch eine Idee geblieben. Was für ein Gewinn für mich! Nicht nur die Liebe, sondern auch die Literatur kann durch den Magen gehen. Denn ganz nebenbei wurde ich während der gemeinsamen Arbeit vorzüglich von Claudia bekocht. Gemessen an dieser Sterneküche sind meine Geschichten bloß Hausmannskost.

Ein weiterer Dank geht ausdrücklich an Frau Annette Rogler aus Landshut, die so freundlich war, uns die niederbayerischen Übersetzungen zu erstellen.

Ein ganz lieber Dank geht auch an meine Tochter, die mich immerzu motiviert hat, diese lustigen Geschichten zu Papier zu bringen.

Ich danke meiner Frau für den Verzicht auf so manchen Moment unseres Familienlebens während der Arbeit an diesem Buch.

Last but not least möchte ich all meinen Freunden danken, die mich in der einen oder anderen Weise unterstützt haben, zu nennen wäre an dieser Stelle insbesondere Frau Erika Grundei. Außerdem danke ich meinem Verlag, meinem Lektor und der Grafikerin für ihre Leistung und die gute Zusammenarbeit.

Abbildungen: Karl Schrader
(Seite: 7, 15 ,40, 57, 64, 77, 80, 97, 102 und 126)

Klimaneutral
Druckprodukt
ClimatePartner.com/14924-2102-1004

Eulenspiegel Verlag – eine Marke der
Eulenspiegel Verlagsgruppe Buchverlage

ISBN 978-3-359-03000-3

1. Auflage 2021

Umschlaggestaltung: Verlag, Karoline Grunske,
Printed in EU

www.eulenspiegel.com